草根神话 系列丛书

# 精神的坐标

赵德斌 / 编著

中国出版集团 现代出版社

图书在版编目(CIP)数据

精神的坐标 / 赵德斌编著. —北京：现代出版社，2013.5(2021.8重印)
(草根神话)
ISBN 978-7-5143-1539-4

Ⅰ.①精…　Ⅱ.①赵…　Ⅲ.①皇帝—生平事迹—中国
Ⅳ.①K827=2

中国版本图书馆CIP数据核字(2013)第079537号

| | | |
|---|---|---|
| 编　　著 | 赵德斌 | |
| 责任编辑 | 刘　刚 | |
| 出版发行 | 现代出版社 | |
| 通讯地址 | 北京市安定门外安华里504号 | |
| 邮政编码 | 100011 | |
| 电　　话 | 010-64267325 64245264(传真) | |
| 网　　址 | www.xdcbs.com | |
| 电子邮箱 | xiandai@cnpitc.com.cn | |
| 印　　刷 | 北京兴星伟业印刷有限公司 | |
| 开　　本 | 700mm×1000mm 1/16 | |
| 印　　张 | 12 | |
| 版　　次 | 2013年5月第1版　2021年8月第3次印刷 | |
| 书　　号 | ISBN 978-7-5143-1539-4 | |
| 定　　价 | 32.00元 | |

# 前 言

**QIAN YAN**

　　读小学时的一首诗至今仍然不时地回荡在记忆里，那就是白居易的《草》："离离原上草，一岁一枯荣。野火烧不尽，春风吹又生。"野草具有顽强的生命力，它是斩不尽锄不绝的，只要残存一点根须，来年就能重新发芽，很快蔓延原野。那草正是胜利的旗帜，烈火再猛，也无奈那深藏地底的根须，不管烈火怎样无情地焚烧，一旦春风化雨，又是遍地青青的野草，野草的生命力是多么的顽强！

　　野草因其平凡而具有顽强的生命力；野草是阳光、水和土壤共同创造的生命；野草看似散漫无羁，但却生生不息，绵绵不绝；野草永远不会长成参天大树，但野草却因植根于大地而获得永生。野草富有民众精神，它甚至于带着顽固的人性弱点。草根具有强大的凝聚力，更具有强大的生命力和独立性。草根代表着这样一群人：他们知道自己很优秀，眼界比别人宽，舞台比别人大，但是他们简单、低调，很热爱身边的每个人，不自大，很快乐地骄傲着。他们来自祖国各地，聪明程度毋庸置疑，但仅有聪明是不够的。尽管他们曾经踌躇满志，但前路是遥远而坎坷的。或者因洁身自好，或者因厌倦红尘，或者因能力不够，或者是命运的捉弄，最终并非每个人都会站在时代的巅峰，也并非每个人都愿意站在时代的巅峰。从他们身上，我们也看得出社会对我们的期许，这就足够了。

对大多数青年而言,上大学是成才和进步的最佳路径,但由于环境和个人因素的诸多制约,不少人的大学梦往往止步于虚幻的梦想阶段,他们对于拥有知识、成就自我的热望,也就此沉淀在琐屑的劳作里。高等教育在一定程度上制约了社会群体的流动,也可能让部分人丧失努力和奋斗的勇气。其实,草根才是主流,草根人物的辉煌人生才是真正的神话。草根人物对自己内心观察和发展前途的思考是什么?草根人物崛起之路的底蕴是什么?草根人物的发展方向和步骤是什么?本书从人生起伏视角发掘古今中外草根人物的困惑和崛起根源,探讨草根人物的创业思路和发展方法,求证草根人物成功的秘密所在。旨在通过草根人物的传奇人生,深刻地解读他们的成功细节,是一部真正意义上的草根人生百科全书。

本书以专业独特的视角,轻松幽默的笔触,为你还原一个个古今中外草根人物的别具一格的传奇人生,深度解读他们成功路上的呐喊、彷徨和成就,为你带来一种真正意义上的心灵震撼之旅。

尽管我们付出了诸多的辛苦,然而由于时间紧迫和编者的能力所限,书稿错讹之处在所难免,敬请各方面的专家学者和广大读者批评指正,我们将不胜感激!

编 者

2012年11月

# 目　录

# 开篇　草根的神话

> 草根的含义
>
> "草根"直译自英文的grass roots。
>
> 有人认为它有两层含义：一是指同政府或决策者相对的势力，这层含义和意识形态联系紧密一些；二是指"草根阶层"，人们平常说到的一些民间组织，非政府组织等一般都可以看作是"草根阶层"。

## "草根"一词的来源

有学者把非政府组织(也称为非官方组织，即NGO)称作草根性人民组织；另一种含义是指同主流、精英文化或精英阶层相对应的弱势阶层。比如一些不太受到重视的民间、小市民的文化、习俗或活动，等等。

从各种文章来看，实际应用中的"草根文化"的含义远比以上的解释来得丰富。

至少"无权"还是草根的特征之一。

网络也应该是一种草根文化(grass-rooted culture)，它所能表述的是一种非主流、非正统、非专业或曰爱好者，甚至纯然出自民间草泽的人所构成的群体，他们使之区别于正统的主流的声音，有其独立存在的理由和独特优势。

还有另一种解释为出自民众的人：草根英雄，草根明星。

"草根"的说法产生于19世纪美国寻金热流行期间，盛传有些山脉土壤表层、草根生长的地方就蕴藏黄金，即英文grass roots。

"草根"在网络和现实中的解释可以说很全面。每一篇都谈到了"草根"及其来源，英语、汉语的解释，也都承认最早是流行于美国，而后在20世纪80年代传入中国，又被赋予了更深的含义，在各领域都有其对应的词语。

正如"Do News"（IT新媒体资讯平台）的创建者刘韧在其博客《草根的感激》中说的一样："草根是相对的。"

有一种说法叫"合群之草，才有力量"。这句话有两种解释：

第一就是不要孤芳自赏，要主动合作。

第二是人多力量大，团队合作的重要性，一棵草是永远也长不成参天大树的。

# "草根"人物及其性格特点

## 草根的特点

近年来文化研究，学人多有引用"草根"一说者。野草因其平凡而具有顽强的生命力。

野草是阳光、水和土壤共同创造的生命；野草看似散漫无羁，但却生生不息、绵绵不绝；野草永远不会长成参天大树，但野草却因植根于大地而获得永生。

> **草根代表着这样一群人**
> 他们知道自己很优秀，眼界比别人宽，舞台比别人大。但是他们简单，低调，很热爱身边的每个人，不自大，很快乐地骄傲着。

野草富有民众精神，它甚至带着顽固的人性弱点，草根性具有强大的凝聚力，更具有强大的生命力和独立性。

"草根"人物主要有以下两个

特点:

第一,顽强。应该是代表一种"野火烧不尽,春风吹又生"的生命力;

第二,广泛。遍布每一个角落。所以,每一个在自己键盘上坚持更新的Blogger(写博客的人,亦称博主)都是草根。

在我们身边有这样一群人:他们知道自己很优秀,眼界比别人宽,舞台比别人大。但是他们简单、低调,很热爱身边的每个人,不自大,很快乐地骄傲着。

人们都喜欢艺术家,那种提法怎么说呢,对人民艺术家来说,这个帽子足够大吧。

但是现在的娱乐界,尽管人人都喜欢被称为艺术家,但有些明星只能叫娱乐人,却不能叫艺术家。

## 草根英雄赵本山

身为尽人皆知的草根英雄,赵本山无疑是位值得尊敬的艺术家。20世纪80年代,赵本山与潘长江在沈阳北市大戏院演出《大观灯》,一演就是上百场,创造了演出奇迹。

如今已经成腕的赵本山在演出时还是一丝不苟。

在很多人的眼里,赵本山跻身艺术家的理由显然充足,通过东北二人转这个东北三省人民的娱乐方式和精神母体发扬光大,同时将中国小品玩味到极致。

其实,英雄莫问出处,赵本山更值得人尊敬的在于当草根成了英雄后,自身仍保持着草根情结,在事业做得游刃有余之时,反手对东北二人转来记"化骨绵掌",揭开拥有近300年历史的二人转的那块羞答答的红盖头。

从东北二人转到赵氏小品再到影视剧,赵本山用一记装疯卖乐、假痴不癫大法,将东北语言和民间元素表现得淋漓尽致。

放眼时下娱乐界,能做到像赵本山这般对人性和社会现象予以自嘲的同时,对娱乐界进行解构和推进的,有几人呢?

毫无疑问,与假痴不癫相比,装疯卖乐更是一种人生大境界,没有几个人真正能够做到。

## 草根歌手李宇春

还有最受欢迎的草根歌手李宇春,她成功的一大标志是拥有着众多的"玉米"和人气。

当她登上美国《时代》周刊封面有人撰文说:"李宇春登上《时代》周刊封面,中国呼唤平民英雄。"

其实,2005年"超级女声"的火爆,和境内外媒体的煽风点火不无关联。

国内的主要报刊在6月份迅速跟进"超女"选题,有相当大一部分都是受到《今日美国》和《巴尔的摩太阳报》两份报纸的影响。

毕竟,在某种意义上,中国的影像工业造星乏术。尽管有若干影星占据银幕,也有少数摇滚歌手可以炒热体育场,但鲜有电视荧屏上的面孔能够真正出位,而这也正解释了为什么一个名叫李宇春的21岁四川女生会成为中国最受欢迎的流行歌手。

李宇春在湖南卫视那档类似"美国偶像"的歌唱比赛中胜出,并赢得了她独一无二的称号:"蒙牛酸酸乳超级女声"——这个节目吸引到了中国电视史上最大的观众群。

实际上,李宇春现象早已超越了她的歌声。李宇春所拥有的是态度、创意和颠覆了中国传统审美的中性风格。但是,李宇春确实拥有更多含义:她代表了张扬的个性,这就是她成为全国偶像的原因。

换言之,李宇春的个性特质是:其中性化的特点,在这个泛娱乐时代恰到好处地迎合了中性时代的到来。而李宇春其人的成功之处也在于,拥有自身的机遇,加之自身确实拥有一定的实力和努力,从而赶上了一个疯

狂的娱乐时代。

李宇春本人亦是借"超女"包装出来的,借"超女"疯出来的,借一帮娱乐粉丝抬出来的。

### 网络写手

正如同传统媒体和经纪公司捧出明星一样,网络媒体自被广泛认可以来,也不断地捧出一个个网络名人,网民是一个特殊的群体。70后的人群在2000年前后,是网络的主力军,他们中的很多人都很有才华,也颇具个性。因而,网络也捧出了大量的网络写手。

比如,2010年5月腾讯微博入驻过一位刚毕业的大学生,他用自己的亲身经历写出被新媒体、各大纸媒誉为中国首部最为经典的微小说《ei-likochen京都生活记》,也被称为微小说创始人,他就是陈鹏。

年轻的他成为北漂的代表,腾讯微博粉丝数万。

《eilikochen京都生活记》是中国首部及时纪实性连载微小说,作者陈鹏先生从2010年5月开始在腾讯微博实时在线写作,随时接受网友的互动参与,陈鹏自己的故事或身边的见闻趣事随时有可能被作者写进微小说里,因此受到网友的热捧。

但人们追捧这部微小说,不仅仅因为它是国内外线上发表的第一部微小说,更因为这部小说道出了现代人心中对现实生活、对各类情感的困惑与迷惘。

《eilikochen京都生活记》已在腾讯微博独家网络在线发布,至今仍在连载已更新发表一百四十回。

## 草根族

在论坛和博客中,开展评论非常自由,工资低可以呼吁,房价上涨可以发发牢骚，出租车提价可以评论，特别是在论坛上彼此互动，你一言我一语，甚至争得不可开交，大家觉得很爽快。

"草根族"的评论有许多并没有石沉大海。

2003年，新华社首次披露中央高层领导对网络的重视看来"草根族"的评论并非人微言轻，"香草根"的"舆论场"作用，日益受到中南海高层的重视和肯定。

然而"草根族"中也有"毒草根"。个别网民编造的谣言之所以具有强大的杀伤力，当然与网络的传播特性有关。通过转帖、邮件、即时聊天工具发送等方式，一个查无实据的谣言很快就能覆盖数量广泛的人群，进而在社会上造成严重的影响。

> **草根族**
>
> 　　时下"草根族"这个称呼很盛行，据说"草根族"这个称呼最早来源于法国资产阶级大革命时期，是对社会底层的百姓的一种称呼。
>
> 　　现在其所指也是社会最下层——平民老百姓的意思。互联网的论坛和博客为"草根族"搭建了一个自由言论的平台，他们可以畅所欲言的谈天下、谈社会、谈热点、谈对一些政策的看法。

看来"草根族"中也有良莠之分，"草根族"在网络中应大力提倡自律，遵纪守法，自觉做促进社会主义文明的网民，共同创建健康的、积极向上的、文明的网络环境。

# 草根文化

"草根文化"是伴随着改革开放思想的解放、意识观念的革新、科技进步、市场经济发展、创新2.0的逐步展现引发的创新形态、社会形态变革及其带来的社会大众道德观念、爱好趣味、价值审美等变化出现的文化多样化的发展趋势，在民间产生的大众平民文化现象。

后来"草根"一说引入社会学领域，"草根"就被赋予了"基层民众"的

内涵。

社会学家、民俗学家艾君在"改革开放30周年解读"中认为，每一次思想的解放、社会变革和科教的进步，都会派生和衍生出一些特殊的文化现象。

它的出现体现出改革开放后文化的多样性特点，也可以从一定意义上反映出以阳春白雪占主流的雅文化的格局已经在承受着社会文化中的"副文化、亚文化"的冲击。

这种特殊的文化现象其实是社会民众的一种诉求表达，折射出社会民众的一种生活和消费需求，以及存在的心理需求。

它具有平民文化的特质，属于一种没有特定规律和标准可循的社会文化现象，是一种动态的、可变的文化现象。科学技术发展引发了创新形态、社会形态的变革，创新2.0也正在成为知识社会条件下的典型创新形态并影响社会的草根化进程。

Web2.0是创新2.0在互联网领域的典型体现，而Blog则无疑是Web2.0的典型代表。

博客提供给普通大众和媒体精英以及潜在媒体精英同样的发挥机会和展示的舞台。

既然媒体精英进入博客写作市场，那么在充分竞争之后，中国博客发展一定和美国的Blog反专业主义、反精英主义发展完全相反，所以中国的博客之后的发展，一定是继续精英化，而不是像在美国祖先一样草根化。

其实不用再多说什么了，那些指望通过BSP（博客服务托管商）的首页，给自己的blog带来流量的草根们，恐怕只好先把自己弄成精英再说了。

看看新浪推荐的优秀Blog，余华、张海迪、潘石屹、徐小平都属于精英博主。

不否认精英的影响力，实际上新浪正是在利用他们的这种影响力，来

## 草根文化的定义

草根文化，属于一种在一定时期内由一些特殊的群体，在生活中形成的一种特殊的文化潮流现象，它实际是一种"副文化、亚文化"现象。

吸引草根们到它的网站上开blog，这会很有效果。

但互联网正在把影响力赋予那些以前不具有影响力的人，blog圈是条长长的尾巴，而每个blogger都是这个尾巴上的那么一点。这就是《纽约时报》所说的，"Every one is famous for 15 people"（每个人都可以在15个人中大名鼎鼎）。这15个人，可能包括你的恋人、朋友、同事，你对他们的影响力，可能远远超过那些精英们对他们的影响力。

比如，我告诉你应该看超女，你可能不会看，但你的女友告诉你应该看超女，你就真的看了。

作为管制而没有充分发展，实际上所有的管制都是一部分人对另一部分人的管制，一部分精英对另一部分精英话语权的剥夺。所以很多话只能在自己的Blog上说。

不过有的人不认为写Blog的人会是精英，只不过他的Blog的读者略多于其他Blog而已，但不会像《读者》那样拥有几百万读者。

从媒体的角度看Blog，它的读者总数正在快速增加。尽管每一个单独的Blog都很小众，但它们的读者再少，也一定会有最忠实的。

整个Blog圈的读者绝对是个可以跟任何媒体相抗衡的数字，这就是长尾的威力。

The First Grass Roots Festival
草根文化艺术节

管制几个精英很容易,但管制几百万Blogger很难。

因为再微弱的声音也有发出来的欲望和可能。门户网站用精英做招牌,目的还是吸引大量的草根。

Blog让草根不再只是充当衬托精英的背景,至少在15个人中,每个Blogger都是一个主角。

## "草根文化"的现实意义

健康向上的"草根文化"会形成对主流文化的重要补充,但愚昧落后的"草根文化"无可否认也会对传统意义上的主流文化带来辐射、腐蚀和冲击。

改革开放三十多年来,"草根文化"的风起云涌,从一定意义看,丰富了人们的文化生活,补充了人们的精神需求,体现了文艺的"百花齐放,百家争鸣",对主流文化进行了辅助和补充,使文艺体现出了真正的"雅俗共赏"之特点。但实际上对一些主流文化的普及和弘扬也是一种挑战。

任何的文化不能脱离了其社会价值和对社会发展所具有的责任,不能脱离了文艺的"二为"方向,"草根文化"因为其来自民间、来自生活,这些文化难免有的带有一定的糟粕和腐蚀性。

对待"草根文化"我们应该在"科学发展观"的指导下,剔除一些糟粕,尤其应该剔除那些对我国优秀的传统文化造成颠覆性的破坏较大的"草根文化",倡导和发展那些群众所喜闻乐见又对社会发展有进步意义的"草根文化"。

总而言之,对待日趋泛滥的"草根文化"现象,我们应该以"三个代表"重要思想为指

### 博客的分类

按照博客主人的知名度、博客文章受欢迎的程度,可以将博客分为名人博客、一般博客、热门博客等;按照博客内容的来源、知识版权,还可以将博客分为原创博客、非商业用途的转载性质的博客以及二者兼而有之的博客。

针,以"科学发展观"为指导,采取"批判吸收的鉴赏态度",认真领会认识"继承和发展的关系""扬和弃的关系""批判和吸收的关系",继承和发扬"草根文化"中那些有益的精神文化内容,批判和剔除那些对人的修养、道德建设以及对社会发展、人类进步有腐蚀作用的"劣质内容",让"草根文化"真正成为主流文化的重要补充,成为构建和谐社会、实现全民小康的一种社会动力和精神财富,成为一笔宝贵的文化遗产。

# 第一章　北伐中原的宋武帝——刘裕

**走近人物**

宋武帝刘裕（363年4月16日—422年6月26日）字德舆，南北朝时期宋朝的建立者。小名寄奴，汉族，彭城县绥舆里（今江苏铜山）人。是从社会底层起家的卓越的政治家、改革家、军事家。于隆安三年，参军起义，对内平定战乱，先后消灭刘毅、卢循、司马休之等分裂割据势力，使南方出现了百年未有的统一局面。对外致力于北伐，消灭桓楚、西蜀、南燕、后秦等国。执政期间，吸取前朝士族豪强挟主专横的教训，抑制豪强兼并，实施土断，整顿吏治，重用寒门，轻徭薄赋，废除苛法，改善了政治和社会状况。他对江南经济的发展，汉文化的保护发扬有重大贡献。被誉为"南朝第一帝"。

## 第一节　刘裕的崛起

刘裕初为北府旧将孙无终的司马，事迹不显。安帝隆安三年（399）十一月，孙恩从会稽（今浙江绍兴）起兵反晋，东南八郡纷起响应，朝野震惊。晋廷忙派谢琰、刘牢之前往镇压。谢琰是著名的陈郡谢氏家族中的人物，刘牢之则为淝水战役中大破前秦苻坚的北府名将。大概因为孙无终的荐举，刘裕转入刘牢之的麾下，当了一名参军。在转战三吴的几年中，刘裕屡充先锋，每战挫敌，其军事干略得到初步显露。他不仅作战勇猛，披坚执锐，冲锋陷阵，且指挥有方，富有智谋，善于以少胜多。当时诸将纵兵暴掠，涂炭百姓，独有刘裕治军整肃，法纪严明。因讨乱有功，刘裕被封为建武将军，领下邳太守。他率水军继续追讨孙恩，迫使其投海而死。

孙恩起兵，消耗了晋廷兵力，造成京防空虚，这给盘踞长江上游军事重镇荆州、虎视三吴、伺机而动的桓玄以可乘之机。元兴元年（402），桓玄举兵东下，攻入建康，杀司马元显，收夺刘牢之兵权，以其堂兄桓修代之。刘牢之惧祸而逃，后自缢身亡。刘裕审时度势，暂投桓玄以行韬晦。由于刘裕屡建军功，于北府旧部中颇有声望，故桓玄也不敢小视他。次年十二月，桓玄篡位，更对刘裕款待备至，恩宠有加。

桓玄的妻子刘氏颇能识人，她多次对其夫说："刘裕行止有龙势虎志，看问题不同凡响，不会久居人下，宜尽早除之。"桓玄却说："我欲荡平中原，非此人不行，怎好杀他？等关陇平定，再作计议。"正在桓玄盘算之际，刘裕也在暗中图谋桓玄了。他约何无忌、刘毅等人于广陵（今江苏扬州）、历阳（今安徽和县）、京口、建康四处举事，克期齐发。

元兴三年（404）二月，刘裕以打猎为名，聚集百余人首先在京口发难，杀死桓修。刘毅也于广陵得手，诛桓修之弟桓弘。接着，众人推刘裕为盟主，传檄四方，各地纷起响应。桓玄见情势不妙，挟持晋安帝，轻舟逃逸江陵。三月，刘裕率兵进入建康，坐镇京师，指挥各路人马乘胜西进。经过一个多月的激战，桓玄被逼逃往西川，为益州都护冯迁所杀。

次年三月，刘裕迎安帝复位。为奖励刘裕再造晋室之功，安帝进刘裕为侍中、车骑将军、都督中外诸军事，掌握朝政。

408年，襄城太守刘敬宣，受刘裕之令，率兵5千攻后蜀。秋七月，兵入三峡中，遣巴东太守以2千人出外水（今岷江）；他与鲍陋、文处茂、时延祖等率主力由垫江（今合川）走内水（涪江），转战至黄虎（今射洪一带），离成都只有500里。这里，后秦姚兴也遣平西

将军姚赏，南梁州刺史王敏将兵2万人入援；谯纵也派辅国将军谯道福，率众拒险死守。两军相持六十余日，晋军不能进，且军中食尽，又疾疫流行，"死者大半，乃引军还"。

409年，谯纵接受后秦的封赏为蜀王。次年，谯纵以桓谦（桓玄族党）为荆州刺史，以谯道福为梁州刺史，起兵2万攻东晋的荆州。后秦姚兴也令前将军苟林统骑兵前来相助。并派人与东面卢循相通。

> ### 刘裕政绩
> 　　重用寒人：东晋时期，中央和州、郡的大权一直掌握在王、谢、庾、桓四大家族手中，选拔官吏，主要依据门第，所谓"下品无高门，上品无贱族"。选出的官吏多是无才无识之辈。刘裕掌权后，下令改变这种状况，要求按照九品中正制初置时的精神选拔人才。他重用出身"寒微"的人，如刘穆之、檀道济、王镇恶、赵伦之等。

谯道福攻破巴东（今奉节），杀死晋的守将时延祖等。桓谦率兵进入荆州，招集旧部，得2万余人，进驻江陵西北的枝江。苟林的骑兵在寻阳击败入援建康的司马镇之，进军到江陵东南的江津。晋的荆州、江陵处于两面夹击之中；晋都建康又受到卢循的进攻，不但没有援兵，音信也阻隔不通；守嘉陵江的荆州将士也在另谋去就，这个形势对晋军十分不利。守嘉陵江的刘道规首先安定部众，他向众将士说："吾东来文武足以济事，若欲去者，本不相禁。"他这样一讲，反而没有人走了。恰好，这时雍州刺史鲁宗之率数千人由襄阳南下援江陵。有人还怀疑鲁宗之有异图，刘道规则单骑往见，并委之以守江陵的重任。他则率统全军之众，首先攻击西北的桓谦。迅速战败桓谦，回师打败苟林，取得了这次反击战的完全胜利。谯纵经此失败后，再也无力向东晋进攻了，后蜀也就很快的走向了它的末日。

# 第二节　统一南方

411年后蜀军败回四川。412年，东晋刘裕又筹划取蜀，以西阳太守朱龄石为益州刺史，率宁朔将军臧熹、河间太守蒯恩、下邳太守刘钟，起兵2万攻后蜀。出发前，刘裕与朱龄石根据前次刘敬宣走内水相持失败的教

训,定下诱蜀人防内水,主力走外水的速战之策。为了防止风声早播、蜀人审得虚实,刘裕具一锦函,旁书"至白帝乃开"。

东晋朝廷对谯纵割地称王非常仇视,三次派大军征讨。义熙二年(406),东晋大将毛修之率兵入蜀,在今渠县一带被谯纵部将击退。义熙四年(408)东晋大将刘敬宣率大军再次入蜀,在离成都500里的黄虎被谯纵部将击退。义熙九年(413),东晋大将朱龄石再率大军入蜀征讨谯纵,这一次晋军终于一直攻到成都。谯纵虽组织军民奋力抵抗,但晋军势大难敌,成都被朱龄石攻破,谯纵自缢而亡。

卢循,孙恩妹夫,参加孙恩起义。元兴元年三月,孙恩投海自尽后,卢循率义军余部数千人继续坚持斗争。桓玄攻进建康执掌东晋朝权后,为安抚浙东,以卢循为永嘉太守。卢表面受令,暗自扩展势力。五月,卢循入东阳(今浙江金华),被刘裕击败(参见刘裕击桓玄之战)。元兴二年,卢循派徐道覆率军进攻东阳、永嘉(今浙江温州),被东晋建武将军刘裕击败,由海道南撤。三年十月,卢循攻克番禺(今广州市)、始兴(今广东韶关西南),自称平南将军,摄广州事。刘裕平桓玄之乱后控扼东晋朝政,于义熙元年(405)四月,任命卢循为广州刺史,卢循姐夫徐道覆为始兴相。义熙六年(410)春,卢循和徐道覆乘刘裕北伐南燕,后方空虚之机,实施北征。率军在始兴会合,然后分东西二路北上,进入湘州(治今长沙)与江州(治寻阳,今江西九江西南)诸郡,一路势如破竹,擒斩镇南将军何无忌,大败荆州刺史刘道规和豫州刺史刘毅等。义军十余万,声威大震。徐道覆力主东进,卢循犹豫数日才勉强同意,遂自桑落洲(今江西九江东北)进抵淮口(今江苏南京西北秦淮河口),逼近兵力不过数千的建康,城内人心震恐,内外戒严。刘裕闻讯,自北伐前线急返京师,部署防卫。卢循优柔寡断,贻误战机,

义军兵临建康近两月,兵疲粮乏;被迫于七月初南还寻阳。十二月,被刘裕追及,大破于大雷(今安徽望江)、左里(今江西都昌西北左蠡山下),被迫转而南向始兴、番禺撤退。义熙七年二月,晋将孟怀玉攻破始兴,义军骁将徐道覆战死。卢循率余部至番禺,但该城已为刘裕部将孙处由海道袭取,遂于四月退至交州(今越南北宁省仙游东),遭火攻兵败,投水自杀,起义失败。

义熙七年(411),刘裕派兵击杀徐道覆,卢循久攻番禺不下,转往交州。此时交州刺史杜瑗病亡,朝廷有诏令其子杜慧度袭职,慧度尚未接诏,卢循已袭破合浦,径向交州捣入。慧度悉散家财,号召中州文武六千人于石埼应战,一举击败卢循,卢循见大势已去,以酒毒死妻子,再杀死不愿殉死的美妾,投水自杀。杜慧度得胜后,杀卢父,寻得卢循尸身,把首级割下,再加上李脱等人头颅共七人,用小箱子精致包装,送往建康。广州等大部分地区收复。

刘毅(?—412)北府兵将领。字希乐,小字盘龙。彭城沛(今属江苏沛县)人。曾为桓弘中兵参军。元兴二年(403)桓玄代晋建楚国,刘毅与孟昶、刘道规等在广陵起兵反对,斩青州刺史桓弘,与刘裕攻入建康,为冠军将军。义熙六年(410),与农民起义军首领卢循战于桑落洲(今江西九江东北长江中),大败,降为后将军。旋又为荆州刺史,据长江中游。他与刘裕协同讨平桓玄,而功居其次,意常怏怏,求与裕抗衡。后刘裕受诏讨伐,刘毅兵败,自缢于江陵,刘裕遂率军攻克江陵。

司马休之(?—约417)东晋大臣。字季豫,河内温(今温县)人。晋元兴五年(404),任荆州刺史。后被桓玄逼迫,投奔慕容德。桓玄被杀后,休之又回晋,仍任荆州刺史,在任为吏民所拥护。其子文思谋杀刘裕,被刘裕发觉,刘裕将文思交给休之,让他处置。休之上表请废文思,并写书信给刘裕以谢罪。北魏神瑞年间,裕杀休之子文宝、休之兄子文祖,并率军进攻休

之。休之举兵反抗,兵败率众投奔后秦。义熙十一年(415)四月,刘裕击败司马休之四万军队,攻克江陵,直捣襄阳。休之父子、鲁宗之等逃往后秦依附姚兴。义熙十三年(417)刘裕灭姚泓,后秦亡,司马休之等数百人向司徒长孙嵩请降,月余,卒于军队中。追赠征西大将军、右光禄大夫,谥始平声公。

刘裕自平定桓玄之乱后,从义熙五年(409)开始,带兵征讨,进行了消灭割据势力的统一战争。他先后攻破南燕(今豫、鲁一带),杀了南燕王慕容超,收复青州;南下击溃卢循,收复广州;攻克江陵,杀了割据者刘毅;力取成都,灭了割据者谯纵;直捣襄阳,赶跑了割据者司马休之。义熙十一年(415),至此,自桓玄作乱以来,南方各大割据势力,全部灭亡,南方归为一统。东晋境内,全由刘裕势力统治了。东晋王朝早已名存实亡。

# 第三节 两伐中原气吞万里

东晋自偏安以来,时时面临着北方的威胁。祖逖、庾亮、殷浩、桓温都曾先后北伐,但无一成功。为了宋朝的强大,刘裕决定兴师北上。

义熙五年(409),南燕主慕容德死,其侄慕容超袭位,纵兵肆虐淮北,掳去晋两郡太守,驱掠百姓千余家。刘裕因此上表北伐。三月,他统领晋军向北挺进。

南燕大将公孙五楼见晋师威猛,向慕容超建议扼据大岘(今山东沂县),坚壁清野,但被拒绝。刘裕看准时机,冒险越过大岘山隘,一举攻克临朐(今属山东),夺得大量辎重。接着,晋军将士在刘裕的亲自鼓动下迅速

进击，直逼燕都广固（今山东益都）。慕容超遁入城中坚守不出。双方进入相持阶段。晋军一方面高垒重堑，将广固团团围住，以燕人之粮充实军用；一方面招降纳叛，采取分化瓦解之策。南燕大将桓遵兄弟及徐州刺史段宏相继归附，尤其是尚书郎张纲被俘，对刘裕十分有利，最后正是利用他所设计的攻城器械拿下燕都，活捉了慕容超。刘裕以广固久守不降为由，入城后，尽杀王公以下三千人以泄愤。

## 军事才能

在作战指导上，他适时选择战机，利用魏军的挑衅，做到"临境近敌，务在厉气；十分巧妙地选择战场，使自己能够安全占据制高点；利用阵中士卒的心理，将其置之死地，以绝士卒后退之心；抓住敌人迟疑之机，迅速派兵跟进布阵；利用魏军的人多势众的心理，示弱纵敌；取胜后又及时派兵增援，适时发起追击"。在整个作战过程中，刘裕部署周密，水路各军配合密切，谋略运用完美，战术使用得当，使强大的魏军铁骑无机可乘，处处被动，堪称战术史上的奇迹。

齐境克服，刘裕本想停镇下邳，荡清河洛，但孙恩妹夫卢循复集孙恩残部，败晋军于豫章（今江西南昌）。刘裕不得不班师回朝。回京后，先后督师镇压卢循、剿灭割据长江中上游的刘毅、谯纵势力，逼走司马休之，使南方出现了百年来从未有过的一统局面。

义熙十二年（416）一月，后秦主姚兴死，姚泓继位，内部叛乱迭起，政权不稳。刘裕认为这是灭亡后秦的良机。八月，刘裕以刘穆之任尚书左仆射，内总朝政，外供军粮，自己率大军分四路北伐。九月，刘裕抵达彭城。龙骧将军王镇恶、冠军将军檀道济领兵由淮、泗转向许、洛，后秦诸屯守皆望风降附，晋军进展神速。十月，王镇恶军占领洛阳。

次年正月，刘裕留其子刘义隆镇守彭城，自率大军北上。此时北魏派十万重兵驻守河北，并以游骑骚扰晋军。刘裕在行军中，虽常设奇阵或用大弩强槊击败魏军，但进军速度缓慢。王镇恶军由洛阳进抵潼关后，为秦主力守险以阻，檀道济军的粮道也为秦将姚绍截断。晋军一时处于危境。王、檀向刘裕求援，而刘裕却为北魏军牵制，自顾不暇。幸得当地百姓的帮助，潼关晋军才转危为安。七月，刘裕摆脱魏军，进至陕城；前锋沈田子攻入武关，进屯青泥（今陕西蓝田）。八月，刘裕至潼关，与诸部会合。

秦主姚泓为缓解两面受敌的危局，谋划先消灭沈田子军，再抵御刘裕，于是率步骑数万急趋青泥。沈田子军本为疑军，不过千余人，但各自为战，骁勇异常，数次出击竟使姚泓败还长安。此时，王镇恶突破潼关防线，率师直进，一举攻陷长安城，姚泓率群臣投降。

晋义熙五年（南燕太上五年，409）四月至次年二月，东晋中军将军刘裕率军攻克燕都广固（今山东青州西北）灭亡南燕的著名战斗。

义熙五年正月，南燕帝慕容超嫌宫廷乐师不够，欲对东晋用兵掠取。二月，慕容超轻启边衅，进击东晋宿豫（今江苏宿迁东南），掠走百姓2500人。刘裕为抗击南燕，外扬声威，于四月自建康（今南京）率舟师溯淮水入泗水。

五月，进抵下邳（今江苏睢宁西北），留船舰、辎重，改由陆路进至琅邪（今山东临沂北）。为防南燕以奇兵断其后，所过皆筑城垒，留兵防守。南燕鲜卑人恃勇轻敌，对晋军进入其境不以为虑。慕容超没有采纳征虏将军公孙五楼"凭据大岘山（今山东沂山）之险，使晋军不能深入"或"坚壁清野"、"断晋粮道"之良策。

六月，刘裕未遇抵抗，过莒县（今属山东），越大岘山。南燕主慕容超先遣公孙五楼、贺赖卢及左将军段晖等，率步、骑兵5万进据临朐（今属山东）。慕容超得知晋兵已过大岘山，自率步骑4万继后。燕军至临朐，慕容超派公孙五楼率骑前出，控制临朐城南的巨蔑水（今山东弥河）。与晋军前锋孟龙符遭遇，公孙五楼战败退走。刘裕以战车4000辆分左右翼，兵、车相间，骑兵在后，向前推进。

晋军进抵临朐南，慕容超派精骑前后夹击。两军力战，胜负未决，刘裕采纳参军胡藩之策，遣胡藩及谘议参军檀韶、建威将军向弥率军绕至燕军之后，乘虚攻克临朐。慕容超单骑逃往城南左将军段晖营中。刘裕纵兵追击，大败燕军，段晖等十余将被斩。慕容超逃还广固。刘裕乘胜追击北上，攻克广固外城。慕容超退守内城。刘裕筑围困之，招降纳叛，争取民心，

## 军事才能

在战术指挥上，刘裕采取弧形方式列阵，增加抵抗能力，又将弩、槊有机地结合起来，增强杀伤力。在兵力配置上，他将几个兵种结合起来，协同作战，以水军为后援、以战车列阵御敌、以步兵杀伤敌人、再以骑兵发起追击。

刘裕在战中的军事思想具体表现在：在战术革新上，他吸取了早期阵法的不足，大胆地将水军用于阵中，利用水军的优势来克制骑兵，开创了战术史上的新篇章。

并就地取粮养战。慕容超被困于广固内城，先后遣尚书郎张纲、尚书令韩范，驰往后秦求援。七月，后秦主姚兴派卫将军姚强率步、骑兵1万，与洛阳(河南洛阳东北)守将姚绍汇合，统兵共救南燕。并遣使向刘裕宣称，后秦以10万兵屯洛阳，若晋军不还，当长驱而进。刘裕识破姚兴虚张声势，不为所动。不久，姚兴被夏主刘勃勃击败于贰城(今陕西黄陵西北)，遂令姚强撤回长安(今西安西北)。慕容超久困于广固，不见后秦援兵，欲割大岘山以南与东晋为条件，称藩于东晋，刘裕不允。南燕大臣张华、封恺、封融及尚书张俊相继降晋。

九月，刘裕截获为借兵去后秦的韩范，使其绕城而行，以示后秦救兵无望，城内南燕守军惊恐。十月，燕臣张纲被俘，晋军制成飞楼、冲车等各种攻城器具，加强攻防能力。

六年二月，南燕贺赖卢、公孙五楼率军挖地道出击晋军，被击败，退回内城。刘裕乘机四面攻城，南燕尚书悦寿打开城门迎降，晋军攻入广固内城。慕容超率数十骑突围而走，被晋军追获，送至建康斩首，南燕亡。

东晋义熙十二年、后秦永和元年(416)八月十二日，刘裕率军自建康出发，各路大军也相继按预定策划出动。

九月，刘裕率军进至彭城(今江苏徐州)。前锋王镇恶、檀道济军也

进展顺利,自进入秦境以来所向皆捷。秦将王苟生以漆丘(今河南商丘以北)降于王镇恶军;徐州刺史姚掌以项城(今河南沈丘)降于檀道济军;后秦新蔡(今河南新蔡)太守董遵坚守城邑不降,檀道济攻克该城,将董遵斩杀,旋即攻克了重镇许昌(今河南许昌东),俘获颍川太守姚垣及大将杨业。与此同时,建武将军沈林子军,自汴水进入黄河,襄邑(今河南睢县)董神虎率领1000多人响应晋军。沈林子随即与他共攻仓垣(今河南开封北),攻克了该城,后秦兖州刺史韦华降服。十月,晋军进占了阳城(今河南登封东南)、荥阳(今河南荥阳东北)。王镇恶、檀道济两军旋即会师于成皋(今河南荥阳西北汜水镇)。后秦镇守于洛阳的征南将军姚洸,见晋军逼近,派人至长安求救。后秦主姚泓命越骑校尉阎生率骑兵3000、武卫将军姚益南率步兵1万增援洛阳,并令并州牧姚懿自蒲阪(今山西永济西)进屯陕津(今山西平陆东南,即古茅津渡),以为声援。此时,宁朔将军赵玄向姚洸建议说:"今晋寇益深,人情骇动;众寡不敌,若出战不捷,则大势去矣。宜摄诸戍之兵,固守金墉不下,晋必不敢越我而西,是我不战而坐收其利也。"姚洸的司马姚禹及主簿阎恢、杨虔皆妒恨赵玄,便暗中与檀道济相通,极力反对赵玄的建议,并怂恿姚洸分兵防守各地。姚洸中计,派赵玄分兵1000前往防守柏谷坞(今河南偃师东南),以广武将军石无讳东至巩城(今河南巩县西南)防守。继之,成皋、虎牢(今河南荥阳西北)皆降于晋军,王镇恶、檀道济、沈林子等军由成皋顺利西进。石无讳进至石关(今河南偃师西),得悉晋军已至,便退兵洛阳;赵玄与晋军战于柏谷坞,兵败战死。十月二十日,檀道济军逼近洛阳,二十二日姚洸出城降晋。檀道济俘秦军4000多人。此时后秦越骑校尉阎生和武卫将军姚益南正率部赶赴洛阳途中,得知洛阳失守,不敢再向前进。

刘裕原先命令前锋军攻取洛阳,且待后续主力到达之后再继续西进。但王镇恶等见后秦内乱纷起,潼关守军薄弱,便当机立断,不待刘裕大军到达,分兵两路西进。一路王镇恶军至渑池(今河南洛宁西),派部将毛德

祖进攻秦弘农太守尹雅，于蠡吾城（今河南洛宁西），生擒尹雅，王镇恶军迅速进抵潼关（今陕西潼关北）城下。另一路檀道济、沈林子部，自陕（今河南陕县）北渡黄河，向蒲阪（今山西永济西）进攻。后秦河北太守薛帛逃往河东，檀道济等军进攻蒲阪，被守将后秦并州刺史尹昭击退，檀命别将再攻匈奴堡，又被秦将辅国将军姚城都击败。此时，后秦

以东平公姚绍为太宰、大将军、都督中外诸军事，改封鲁公，率武卫将军姚鸾等步骑兵5万防守潼关，又命姚驴率部增援蒲阪。沈林子认为，蒲阪城池十分坚固，兵力众多，难以很快攻取；王镇恶孤军于潼关，不如南下与王镇恶合军攻打潼关，潼关既破，尹昭不攻自溃。檀道济同意沈林子的意见，遂引军自蒲阪南下。三月檀道济、沈林子军到达潼关。姚绍率兵出战，檀道济、沈林子将秦军击败，斩俘秦军1000多人。姚绍退兵定城（陕西潼关西30里），凭险据守，告诉众将说："檀道济等兵少势弱，孤军深入。敌只能坚守城池，以待后援。我分兵断其粮道，当可将敌坐擒。"于是，便派将军姚鸾截断大路，以阻止晋军的粮运。

姚鸾先派将军尹雅与晋军战于潼关之南，被晋军战败生擒。三月初四日，沈林子乘夜率勇锐士卒偷袭姚鸾军营，杀姚鸾及秦军数千人。姚绍又派姚赞屯兵于河上，欲断晋军水运。沈林子再率军进击，姚赞兵败，逃回定城。此时，秦将薛帛举河曲降晋，不久，晋军给养不继，军心浮动，全军顿兵坚城，不得前进，军中纷纷提议撤军东归。此时，将军沈林子按剑怒斥说："今许、洛已定，关右将平，事之成败，系于前锋。且大军尚在远方，敌军兵众气盛，想要撤军，也难以安全退走。我决心单独率部继续完成受领的使命。"王镇恶等人遂镇定下来，派出使者驰告刘裕，请求速派援军，运送军

粮。使者晋见刘裕,刘裕以魏紧跟于黄河北岸并进,威胁重大,而拒绝派兵增援。王镇恶等于是亲至弘农(今河南灵宝北)动员民众,捐献军粮,才解了缺粮之危,军心趋于安定。四月,姚绍再次命长史姚治、宁朔将军安鸾、护军姚墨蠡、河东太守唐小方率2000人屯守河北的九原,企图再断晋军粮道,又被沈林子击败。姚治、姚墨蠡、唐小方均被斩首,其全军几乎丧尽。姚绍听说姚治等人兵败身亡,悲愤已极,发病呕血,将兵权交予东平公姚赞之后死去。旋即,姚赞率兵偷袭沈林子军,又被沈林子击败,双方形成相持局面。

刘裕亲率大军于义熙十三年(417)正月离开彭城(今江苏徐州),自淮水、泗水进入清河。三月初八,刘裕以左将军向弥率部分兵力屯于黄河重要渡口碻磝(今山东东阿西北),自率大军进入黄河;魏军为防止晋军于黄河北岸上陆向魏进击,也以数千骑兵沿黄河北岸跟随刘裕军西行,凡漂流至北岸的晋军人员,均被魏军擒杀。刘裕数次派兵上岸攻击魏,刚一登岸,魏军便逃离岸边。为击败魏军的袭扰,刘裕命数千勇士,车百乘,由丁昕和宁朔将军朱超石率领,携带强弓利箭,登上黄河北岸,列阵而进。魏军立即前来进攻,魏将长孙嵩率骑兵3万四面围攻晋军。晋军拼力死战,魏军被利箭射杀者甚众,死尸堆积遍地,魏将阿薄干被斩,魏兵败退走。朱超石率宁朔将军胡藩、宁远将军刘荣祖追杀,又斩俘1000多人。四月中旬,刘裕进至洛阳,为防止魏军的袭击,在洛阳停军两个月,部署后方的防卫。七月,刘裕进至陕地(今河南三

门峡），将军沈田子、傅弘之进入武关（今陕西商县南），后秦守将逃走。沈田子等军进占青泥，后秦命给事黄门侍郎姚和都屯兵于峣柳（今陕西商县西北），阻击沈田子军。

八月，刘裕大军进至阌乡（今陕西潼关东）。刘裕顾虑沈田子等军力薄弱，为使其更好地牵制和吸引秦军兵力，便派将军沈林子率军前往支援。此时，沈田子等正

### 刘裕政绩

在法制上，刘裕对东晋以来苛刻的刑法也进行了改革，永初三年（422）正月，下诏"刑罚无轻重，悉皆原降"（《宋书武帝本纪》）。刘裕十分关心百姓生活，曾多次下令减免税役，如在同年八月"蠲租布二年"（《宋书·武帝本纪》）。在平定刘毅时，也曾下令减免税役。对于那些原来因战争需要被征发的奴隶也一律放还。

准备攻击峣柳。后秦主姚泓本欲率军迎击刘裕军于潼关定城，但顾虑沈田子等军突袭其侧背，于是决定先率军消灭沈田子军，然后再倾全国之军迎击刘裕的主力大军。八月，姚泓所率数万骑兵，突然进至青泥（在峣柳附近）。沈田子得知姚泓率大军而来，欲乘秦军刚刚到达，向其攻击。傅弘之认为敌众我寡，不应出击。沈田子说："兵贵用奇，不必在众。且今众寡相悬，势不两立，若彼结围既固，则我无所逃矣。不如乘其始至，营陈未立，先薄之，可以有功。"于是，决定先率自己本部兵马向敌攻击，傅弘之跟随于后。沈田子军被秦军重重包围，沈田子激励士卒奋力拼杀，大败秦军，斩秦军1万多人。姚泓率败军退返长安。当沈林子军到达峣柳时，姚泓军即已退走，于是，沈田子与沈林子合军共追秦军。关中许多郡县见姚泓兵败，暗中纷纷降于晋军。

八月初二，刘裕到达潼关，即以朱超石为河东太守，命其与振武将军徐猗之于河北会合薛帛，共攻重要战略渡口蒲阪（今山西永济西）。后秦平原公姚璞与姚和都击败晋军，斩了徐猗之，朱超石逃回潼关。此时，王镇恶请求率领水军从黄河入渭水，逼向长安。刘裕采纳了他的建议。王镇恶军出发后，正值后秦恢武将军姚难由香城（今陕西大荔东）率军西撤，王镇恶跟踪追击。姚泓率兵由霸上到达石桥（长安城洛门东北），接应姚难；以镇北将军姚疆和姚难合兵守卫泾上（今陕西高陵境），迎击王镇恶军。王镇恶

命将军毛德祖率部攻击,将秦军击败。姚疆战死,姚难逃回长安。东平公姚赞得知晋军迫近长安,便率军由定城退往郑城(今陕西华县)。刘裕大军随之逼近。后秦主姚泓见长安危急,自己尚有数万军队,可以抗击晋军。遂令姚丕军防守渭桥(长安城北),胡翼度军防守石积(长安城东北),姚赞军防守霸东(霸水东岸),姚泓自己率军守卫逍遥园(长安城西)。八月二十三日,王镇恶乘艨艟小舰进至渭桥,弃船登岸。当时,由于渭水湍急,大部舰船皆被冲走。王镇恶乘势激励部众说:"吾属并家在江南,此为长安北门,去家万里,舟楫、衣粮皆已随流。今进战而胜,则功名俱显;不胜,则骸骨不返,无他歧矣,卿等勉之!"于是,身先士卒,率军进击姚丕军。姚丕战败,姚泓率兵来救,与姚丕败兵互相践踏,也不战而溃。姚谌等皆战死,姚泓单骑逃回宫内。王镇恶军由平朔门(长安北门)攻入长安城,姚泓与姚裕率数百骑逃奔石桥。东平公姚赞得知姚泓兵败,率众往救,士众皆溃逃。八月二十四日,姚泓率群臣至王镇恶军营投降,至此,后秦便宣告灭亡。

九月刘裕率晋军浩浩荡荡地抵达皇城。他想在此稍作休整,经略关中,不料传来刘穆之病死的消息。刘裕怕朝廷有变,留其十二岁的儿子刘义真率王修、王镇恶、沈田子等文武共守长安,自己统军南归。刘裕匆匆南归,为夏主赫连勃勃谋臣王买德窥破心迹。刘裕南归不久,赫连勃勃派军南断青泥,东扼潼关,率大军进攻长安。恰巧在此时,留守长安的晋朝文武发生内讧,沈田子杀王镇恶,王修杀沈田子,刘义真复杀王修。刘裕得到消息,惊恐不已,急令朱龄石镇守长安,命刘义真速回。刘义真和将士大掠财宝美女,车载南还,为夏军追及。朱龄石阵亡,刘义真单骑逃逸。长安得而复失,良将劲兵损失骇人。但经过两次北伐,黄河以南、淮水以北以及汉水上游的大片地区,为刘裕据有。

　　是他留在朝中的盟友刘穆之去世了。而刘穆之去世的原因，正是由于刘裕的急于称帝。当晋军攻下洛阳的时候，刘裕觉得自己居功至伟，有了更多和朝廷讨价还价的筹码，就派人回到建康向皇帝索要九锡。刘穆之没有想到刘裕这么明目张胆地藐视朝廷，羞愤之下竟然病发去世了。这一下刘裕觉得在朝中失去了心腹和根基，顿时担心起自己的地位来。他留下十二岁的儿子刘义真做安西将军，让他镇守长安，自己连忙赶回建康。当他离开的时候，满怀希望的长安百姓都无比痛心失望，纷纷来到刘裕门前请愿。但在刘裕看来，这些当然远没有他当皇帝重要，他不顾百姓们的挽留，终于还是离开了。后来夏国王赫连勃勃进攻关中，刘义真撤回江南，本来很有希望的北伐事业就这样功亏一篑了。

　　南燕是鲜卑贵族慕容氏建立的国家，在今山东和河南东部，以广固（今山东益都）为都城，屡次南侵，东晋的北边很不安宁。义熙五年（409），刘裕亲率大军北伐，水陆并进，连破燕军。次年二月，就灭掉南燕。

　　后秦是羌族贵族建立的国家，在今陕西、甘肃和河南西部，以长安为都城。桓玄、谯纵叛乱，都得到后秦的支持。义熙十二年（416），后秦的统治集团发生争权斗争，刘裕乘机出兵两路，于次年八月攻破长安，灭掉后秦。

　　刘裕伐南燕时，"河北居民荷戈负粮至者，日有千数。"伐后秦时，军粮不继，"百姓竞

送义粟",使晋军"军食复振"。可见这两次出兵都得到北方汉族人民的欢迎和支援。

## 第四节 称帝建国

巨大的事功,使刘裕在朝廷的地位显赫无比。他先后受封相国、宋公,加九锡,位在诸侯王之上。义熙十四年(418)十二月,刘裕令心腹鸩弑安帝,立司马德文为傀儡皇帝。元熙二年(420),刘裕迫司马德文禅让,即皇帝位,建国号大宋,改元永初,是为武帝。即位之后,以司马氏前车之鉴,宋武帝削弱强藩,集权中央。有鉴于荆州屡为祸乱之源,便裁并荆州府的辖区,限制其文武将士的额员。为防止权臣乱政,他特下诏:凡日后大臣外出征讨,一律配以朝廷军队,军还交回朝廷。世族隐匿户口,减少官府收入,武帝下令整顿户籍,厉行土断之法。规定政府所需物资,不准像过去那样滥行征发,而是派有关官员以钱购买。适当降低农民租税,废除苛繁法令,让百姓在宽松的环境中休养生息,发展生产。魏晋以来,皇室、官府崇尚奢华。由于是孤寒出身,武帝知道稼穑艰辛。他平时清简寡欲,对珠玉车马、丝竹女宠十分节制。一次,长史殷仲文陈述朝廷应备音乐,武帝以没有闲暇、且不会欣赏为由予以推脱。殷仲文劝他经常听听自会欣赏,得到的回答是:"正以解而好之,故不习之。"宁州进献琥珍枕,光洁华丽,武

帝听说琥珀可以疗伤,令人捣碎分发将士。他平时穿着十分随便,连齿木屐,普通裙帽;住处用土屏风、布灯笼、麻绳拂。为了警诫后人,他在宫中悬挂了少儿时使用过的农具、补缀多层的破棉袄。后来,他的孙子孝武帝刘骏看见这些东西,讥诮祖上是"乡巴佬"。永初三年(422)五月,武帝病逝,时年60。

# 第五节　军事生涯

刘裕作为中国历史上杰出的政治家、卓越的军事家、统帅,在其军事生涯作战中,善于以勇猛的精神,以少胜多,取得战斗胜利,也在中国军事史上写下了传奇。

隆安四年(400)孙恩从浃口(今浙江镇海东南甬江河口)登陆,东晋卫将军谢琰被部下张猛杀死。后刘牢之屯上虞,派刘裕守句章城。隆安五年(401)三月,孙恩攻海盐(今属浙江)。刘裕追而拒之,在海盐旧治筑城。城内兵力甚弱,刘裕乃选敢死之士数百人,脱甲胄,执短兵,击鼓而出。义军弃甲而逃,义军将领姚盛被斩。后又率军奋战,义军大败。孙恩知城不可破,乃向沪渎进军。刘裕遂弃城而追。刘裕于娄县破义军。六月,乘胜沿长江而上,袭取丹徒,拥众10余万,楼船千余艘,军容极盛。

八月,刘裕为建武将军、下邳太守,率水军追孙恩至郁洲,二军激战,孙恩又失利,损伤惨重,被迫沿海南撤。十一月,刘裕追孙恩至沪渎、海盐,又破之,斩俘以万数,孙恩只得第四次撤回海岛。后被临海太守辛景率军击溃,死亡惨重,孙恩恐被俘,投海自尽。

元兴二年(403)卢循遣司马徐道覆率

## 刘裕政绩

继续实行"土断"(东晋,南朝废除侨州、郡县,使侨寓户口编入所在郡县的政策),抑制兼并刘裕于义熙九年(413)再次实行"土断"政策。除南徐、南兖、南青三州都在晋陵(今江苏镇江、常州一带)界内,不在土断之列外,其余都依界土断。多数侨置郡、县被合并或取消。在户籍上,不再分土著和侨人。对于势家大族隐藏户口的,严厉清查。还禁止豪强封锢山泽、乱收租税。

部再攻东阳。二月，刘裕(时为建武将军)又将其击破，斩其将张士道。六月，刘裕被任为彭城内史，日益受到朝廷的重视。八月，卢循率义军南下攻永嘉(今浙江温州)，刘裕尾随而至，双方展开激战，义军兵败。

义熙元年(405)正月，刘毅等到达江津，破桓谦、桓振，收复了江陵。三月，晋安帝司马德宗也到达江陵，并下诏书历数桓玄罪状，竭力称赞刘裕平定桓玄之乱中所立下的功绩，并封刘裕侍中、车骑将军，都督中外诸军事，使持节、徐青二州刺史如故。这样一来，刘裕的权力大增强。四月，刘裕镇守京口，改授都督荆、司等十六州诸军事，加领兖州刺史。义熙二年(406)十月，刘裕被封为豫章郡公。刘裕上书请伐南燕，一是为抗击南燕，二是外扬声威。刘裕自建康(今南京)率舟师溯淮水入泗水。五月，进抵下邳(今江苏睢宁西北)，留船舰、辎重，改由陆路进至琅邪(今山东临沂北)，后南燕灭亡。

义熙六年(410)四月，刘裕至建康，京城戒严。六月，晋廷以刘裕为太尉、中书监、加黄钺，刘裕受黄钺，其余固辞。八月，刘裕还东府，大治水军，

并建"皆舰重楼,高者十余丈"(《宋书·武帝本纪》)。遣建威将军会稽孙处、振武将军沈田子率3000人自海上袭番禺。十二月,刘裕进军大雷(今安徽望江),以步骑屯于西岸,投火焚船,大败义军。义熙七年(411)正月,刘裕回到京城。改授大将军、扬州牧,给班剑二十人,本官悉如故,刘裕固辞。义熙八年(412)四月,晋廷以刘裕为豫州刺史,以后将

军豫州刺史刘毅为卫将军、都督荆、宁、秦、雍四州诸军事、荆州刺史。此时,刘裕权倾朝野,只有豫州刺史刘毅对刘裕有很大危胁,刘毅与刘裕共同起兵兴复晋室,屡立战功,威名仅次于刘裕。刘毅性刚愎,不甘屈居太尉刘裕之下,但自从桑落洲败于义军后,一蹶不振,便暗中积蓄实力,图谋朝权。十二月,刘裕力排众议,任用资历尚轻的西阳太守朱龄石为益州刺史,率宁朔将军臧熹、河间太守蒯恩、下邳太守刘钟等2万人,自江陵(今属湖北)征讨蜀地割据势力谯纵。是月,刘裕被加为太傅、扬州牧。至此,南方各大割据势力,全部灭亡,南方归为一统。

义熙五年(409),刘裕北伐南燕时,在如何对付南燕铁骑这一问题做了充分准备。当刘裕出征后,燕军即以9万之众抵御,其中就有"铁骑万余"。刘裕闻讯后,即令诸军步行,以"车四千辆,分车为两翼,方轨徐行,车悉张幔,御者执槊,又以轻骑为游军。军令严肃,行伍齐整。"当燕军铁骑来袭时,刘裕用此阵对抗,双方激战过午,未分胜败。随后刘裕用计,奇袭敌后方重镇临朐(今山东省临朐县),大败燕军。

在这次交战中,刘裕在战术上采用步、骑、车3个兵种协同作战,有力地遏制了燕军铁骑的强大冲击。因为刘裕的阵法以战车为主,所以它的防御能力还是比较强的,顶住了燕军铁骑的冲击,但是在攻击力方面却表现的明显不足,最后也是用"批亢捣虚"之计取得的胜利,而非"面对面"的击败对手。但此次作战却为刘裕积累了对抗重甲骑兵的丰富经验,促使他着

手日益完善自己的阵法，直到形成最后演变成具有强大杀伤力的"却月阵"，南燕灭亡。

后秦十二年八月，刘裕发兵五路攻打后秦。十三年正月，刘裕留子彭城公刘义隆镇守彭城，亲率水军自彭城北上。三月，水军自淮、泗入清河，准备逆黄河西上，于是派人向北魏请求借路。北魏因此前滑台（今河南省滑县东）丢失，明元帝拓跋嗣恐刘裕此次以借道为名北上攻魏，因而拒绝了谋臣崔浩提出的"假之水道，纵裕西入，然后兴兵塞其东归之路"的策略。遣司徒长孙嵩为督山东诸军事，又遣振威将军娥清、冀州（治今河北省冀县）刺史阿薄干，率步骑10万屯驻黄河北岸，监视晋军。

刘裕借路没有成功，但仍按计划行军。初八，刘裕率水军进入黄河，以左将军向弥为北青州（治东阳，今山东省青州市）刺史，镇守碻磝（今山东省茌平县西南），自率大军入黄河西上。北岸魏军见此情景，便以数千骑兵随刘裕水军西行，不时袭扰，迟滞晋军西进。晋军南岸拉纤的兵士有被激流冲至北岸的，都被魏军杀伤。刘裕派军上北岸攻击，魏军立即退走，当晋军退后，魏军复来。魏军的行为引起了晋军将士的不满，促使刘裕使用"却月阵"。经过四月，刘裕选择好战场后，便派白直队主丁旿率700人及战车百乘，抢渡北岸，在距水百余步处布下弧形的阵，两头抱河，因形似新月，故称"却月阵"，每辆战车设置7名持仗士卒。布置好后，丁旿在阵中坚起一根白毦（相当于令旗），以通知船上的晋军。而魏军见数百名晋军登上战车，不解其意，没敢贸然采取行动。此时的刘裕早已派宁朔将军朱超石严加戒备，准备出战，这时见魏军迟疑，便抓住这一机会，命朱超石率2000兵士携带大弩百张，上岸接应丁旿，每辆战车又上增设20名士卒，并在车辕上张设盾牌，保护战车。魏军见晋军立营已毕，这才恍然大

**刘裕北伐南燕的意义**

刘裕北伐南燕的胜利，给魏军以极大震慑，魏明帝吸取教训，听从谋臣崔浩的建议，不再与晋军为敌。刘裕取胜后，率水军沿黄河顺利西进，于四月下旬到达洛阳，参加攻打长安的作战。水军的及时到达，对战争的了胜利起了决定性作用，刘裕正是在陆军进展不利的情况下，令水军沿渭水而上，一举攻占长安，灭亡后秦的。

悟,向晋军展开围攻。朱超石先以软弓小箭射向魏军,向其示弱。魏军果然中计,认为晋军众少兵弱,遂三面而至。这时长孙嵩接到消息也率3万骑兵助战,一起猛攻晋军。朱超石遂令士卒改换大弩猛射,并选神射手用箭集束发射,给魏军以重大杀伤。但魏军由于兵源充

**军事才能**

刘裕是在战术上敢于创新的军事家,既能发挥自己的优势,又巧妙布阵,利用优势弥补了自己的短处,使"却月阵"成为一个前无古人、后无来者的战术,充分显示了其卓越的军事才能。

足,反而愈战愈多,随着双方距离的缩短,晋军弓弩逐渐失去作用。朱超石又命将士将所携带的千余张槊,截断为三四尺长,用大锤锤击进行杀敌,一根断槊便能洞穿三四名魏军。由于弧形的迎击面小,所以魏军越向前,所受到的杀伤也就越大。魏军逐渐抵挡不住,"一时奔溃,死者相积",晋军阵斩阿薄干。魏军退还畔城,朱超石与胡藩、刘荣祖等率骑兵发起追击,虽为魏军包围,但激战竟日,终于大破魏军,斩获千计。刘裕见晋军取胜,又遣振武将军徐猗之率5000人渡河,攻越骑城,途中又遭到魏军的包围,徐猗之用长戟结阵抵抗。不久,朱超石赶来增援,魏军遂闻风而逃。

刘裕对水军的运用水军做为南方的主要兵种, 在战争中占有重要地位。水军的特点是,不仅可以直接作战,还可以运输兵源及粮草物资,而且要比陆上运输更为便捷。刘裕之所以被称为卓越的军事家,一个重要的原因就是他十分重视水军的建设, 在他所指挥的作战中, 基本都有水军参战,并且合理搭配,充分发挥了水、步、骑三个兵种协同作战的优势。尤其在镇压以水师见长的卢循义军时,刘裕大建水师,所修皆"大舰重楼,高者十余丈",水军成为绝对主力,他最终凭借这支强大水军镇压了义军。正因为刘裕善于指挥水军作战,而当时晋朝水军可从建康(今江苏省南京市)以东的京口沿水道而上,进入黄河,再逆河西行,经渭水直入长安(今陕西省西安市)北郊,所以当他酝酿北伐后秦的策略时,水军便成为一个重要的棋子。同时,北方胡人政权不但没有水军,甚至连战船都没见过,所以晋

军还掌握着绝对制水权。

此外，刘裕本人有着高超的军事才能，又是从基层成长起来的军事统帅，精于战术，从他所指挥作战中可以看出，指挥水军和战车作战在刘裕军事思想中占有很重要的地位。

刘宋初期，因刘裕在晋朝末期收复北方的青、兖、司三州，大致拥有黄河以南的广大地区，成为东晋南朝时期疆域最大，实力最强，经济最发达，文化最繁荣的一个王朝。

自潼关以东、黄河以南直至青州已为南朝版图，江淮流域得到保障，这是祖逖、桓温、谢安经营百年所未能达到的。

# 第二章　雄勇自负的朱温

## 第一节　叛降唐朝

　　和朱温隔河对峙的唐朝河中节度使王重荣有精兵数万，他投降过起义军，在唐僖宗逃到蜀地后号召各地将领围攻起义军时又重新叛归唐朝。由于兵少，朱温几次战败，只得向黄巢求救，但书信总是被负责军务的孟楷拦阻扣压，再加上起义军内部混乱腐败，朱温一筹莫展。谋士谢瞳趁机进言献策道："黄巢起家于草莽之中，只是趁唐朝衰乱之时才得以占领长安，并不是凭借功业才德建立的王业，不值得您和他长期共事。现在唐朝天子在蜀，各路兵马又逐渐逼近长安，这说明唐朝气数未尽，还没被众人厌弃。将军您在外苦战立功，政权内部却为庸人所制约，这就是先前章邯背叛秦国而

归楚的原因。"

朱温看谢瞳说的句句在理,正合自己的心意,为了生存,为了自己的前途,便杀掉监军使严实,率部投降了对面的王重荣。唐僖宗在得到朱温归降的消息后,不禁大喜,兴奋地说:"这真是天赐我也!"他似乎看到了复兴祖业的希望之光。但万万没有想到,引进来的却是一只真正的"狼"。唐僖宗喜过之后,立即下诏任命朱温为左金吾大将军、河中行营招讨副使。还赐给朱温一个名字:全忠。但朱温并没有完全忠于他,忠于唐朝,就像原来没有忠于黄巢、忠于大齐一样,而是完完全全地叛了唐朝、灭了唐朝。

# 第二节　霸业成就

朱温当初参加黄巢起义,并非为了什么劳苦大众的幸福,更没有什么替天行道的思想,而仅仅是出于一种图富贵、出人头地的私心,为的是以后做官衣锦还乡,以此"回报"邻里对他的鄙视与轻蔑。在黄巢军中无法混下去时,为了生存为了富贵前途,他听从谋士谢瞳的计策背叛黄巢而投降了唐朝廷,在唐朝廷内朱温的官职步步高升,最后竟也做起了最高级的富贵梦:称帝。而且,一步步实施起来。

朱温投降唐朝廷后,唐朝廷任命朱温为汴州(今河南开封)刺史、宣武军节度使,但要等收复京城长安后才能去赴任。朱温便与各路唐军合围长安,和昔日并肩作战的兄弟军队兵戎相见。黄巢无法抵挡,只得退出长安,突围后向南转移,然后又奔向河南。黄巢在攻打蔡州(今河南汝南)时,唐蔡州节度使秦宗权投降,在黄巢死后,他取而代之,继续反唐。

这种朝秦暮楚、反复无常的叛变行为不仅唐末存在,五代中也是比比皆是。乱世之中,什么正义和良心都抛之脑后了,兄弟相杀,朋友反目,成了五代时期最黑暗的一面。朱温乘胜追击黄巢军,一直打到汴州,此后,朱温便以汴州为他的根据地,汴州最后做了后梁的首都。以后,朱温又为解陈州(今河南淮阳)之围,

**历史评价**

总结朱温一生,在治理国家方面还是做了一些事情的,这应该肯定。但朱温的滥杀无辜,荒淫无耻也是历史上极为突出的,为历代人所不齿。称帝后,对外作战时,朱温也实施了一套安邦定国的措施,以期大梁江山永固。他转变了只重军事的做法,认识到民众和土地对稳固政权的重要性。

和黄巢军作战大小四十余次,取得全胜。又与唐河东节度使的精锐骑兵合击黄巢军于鄢城(今河南鄢城),再败黄巢军于中牟(今河南中牟北)北面的王满渡,黄巢大将葛从周等归降朱温。因为追剿黄巢有功,朱温被加封为检校司徒、同中书门下平章事为使相,封沛郡侯,后又进封吴兴郡王,地位显赫。所谓使相是一种合称,使指的是节度使,相指的是宰相,而唐朝没有宰相这一官名,同中书门下平章事的职权就相当于宰相,所以朱温此时称为使相。

因为追剿黄巢而立功升官,又因为这个朱温结下死敌,对立交战直到他被儿子杀死,这个死敌就是河东节度使李克用。在王满渡、朱温与李克用联合击败了黄巢军后,朱温邀请李克用到汴州休整军队。在一次宴会上,年轻气盛、恃才自傲仅二十八岁的李克用喝了些酒之后,说了一些对大他四岁的朱温有点不恭敬的话。

二虎相争必有一伤,朱温一怒之下就想除掉这个狂徒,那样也会在将来少一个对手。朱温在宴席上隐而不露,等李克用回到驿馆,便命人放火围攻。偏巧遇上狂风暴雨,李克用侥幸逃脱,几百名士兵却全部阵亡。这场雨大概是场雷阵雨,历史上常将这些自然现象附会某人,说有神人相助。其实,当时正是夏日多雷雨的季节,朱温趁乌云压城的黑夜动手,却没想到乌云也能带来雷雨和大风,救了李克用一命。

朱温成帝业得益于狡诈,但又受害于狡诈。杀李克用不成,反树立了

一个日后最大的也是最近的一个敌人。最后,后梁就是灭在李克用的儿子李存勖之手,父仇子报,朱温的儿子败在了李克用的儿子手下。在黄巢败亡之后,降将秦宗权继续反唐,但却到处骚扰残害百姓,还妄自称帝,并攻占了河南的许多地方,成为与朱温在中原较量的首要对手。朱温虽然兵少,却毫不示弱。一面派人到山东募兵壮大队伍,一面向兖州(今山东兖州)的朱瑾、郓州(近山东东平西北)的朱宣寻求支援。先后多次战胜秦宗权的骄纵部将,尤其是在汴州北面孝村一战取胜之后,秦宗权开始居于下风,并走向衰落,最后灭于朱温之手。

大敌已破,朱温又狡诈地对付小敌,甚至对曾经相助的朋友也不放过。因为西面秦宗权的威胁已除,朱温将目标对准了东边,他制造借口,诬陷帮他打败秦宗权的朱宣诱他的兵士背叛他,在书信中对朱宣横加指责,朱宣无法忍受他这种恩将仇报的行径,回信中也毫不相让。然后朱温便抓住这些他自己制造的把柄,令朱珍、葛从周袭击曹州(今山东曹县),击败朱瑾兄弟,两人仅以身免。

紧接着,朱温又将矛头指向了淮南地区。原先的淮南节度使高骈在争战中被杀,唐朝廷任命朱温兼淮南节度使、东南面招讨使,遭到了淮南实力派杨行密(即十国之一的吴国的创立者)的反对,也受到占有徐州(今江苏徐州)的时溥的抵制,朱温和他们的矛盾日益激化,但朱温还是先集中兵力解决了西面的秦宗权。

朱温被唐僖宗任命为蔡州四面行营都统,负责对秦宗权的围攻。不久,唐僖宗病逝,其弟弟唐昭宗李晔继位。朱温此时并没有立即进攻处于劣势的秦宗权,而是四处扩张自己的势力。派人北上,拉拢魏博兵变的获胜者,建立起黄河以北东面的同盟者。又派大将葛从周北上救援被李克用围攻的张全义,建立黄河以北西面牵制对抗河东势力的同盟者。北方之患消除后,恰好唐昭宗为促使朱温早日解决秦宗权又加封他为检校侍中,朱温便顺水推舟,调集大兵强攻蔡州。城破之时,秦宗权被部将拘拿送给朱温。秦宗权被押到长安处死,朱温则进封东平郡王,并加检校太尉兼中书

令。秦宗权势力消灭后,西面之忧解除,朱温
又回师向东,对付时溥和原先逃脱的朱瑾兄
弟。朱温率兵攻克徐州,时溥及其家眷自焚
于燕子楼。

第二年,多次取胜的朱温又与朱瑾兄
弟大战,以火攻取胜,最后擒杀朱宣,朱瑾
逃奔杨行密。经过多年的征战,朱温扫清了
一个个对手,完全控制了黄河以南淮河以

北的中原大地,超过李克用成为最大的地方势力。从25岁参加黄巢起义
军,到光化二年(899)攻太原(今山西太原)、占榆次(今山西榆次)时47
岁,朱温二十余年经营之后,羽翼丰满,野心开始膨胀,下一个目标他
瞄上了皇帝宝座。

# 第三节　幕后贤妻

朱温的霸业之所以能够成功,主要得益于两个人,一个是他的军师敬
翔,另一个就是他的妻子张惠。虽然史书上对张惠的记载并不多,但从字
里行间可以看出,张惠对朱温所起的作用是很大的。张惠和朱温是同乡,
都是砀山人,张惠家住在渠亭里。她家在当地是有名的富裕之户,父亲还
做过宋州的刺史。张惠生于富裕之家,既有教养,又懂得军事与政治谋略,
可见从小父亲对她的传教也是很多的。

张惠既有温柔的一面,又有英武的一面,体贴照顾朱温的同时常有让
朱温钦佩的计谋。在这位刚柔相济、贤惠机智的妻子面前,朱温的狡诈反
而显得粗浅,暴躁的朱温也收敛了许多。不但内事做主,外事包括作战也
常让朱温心服口服。凡遇大事不能决断时就向妻子询问,而张惠所分析预
料的又常常切中要害,让朱温茅塞顿开。因此,对张惠越加敬畏钦佩。有时
候朱温已率兵出征,中途却被张惠派的使者赶上,说是奉张夫人之命,战

局不利,请他速领兵回营,这位就立即下令收兵返回。朱温本性狡诈多疑,加上战争环境恶劣,诸侯之间你死我活的争夺,更使朱温妄加猜疑部下,而且动不动就处死将士。这必然影响到内部的团结和战斗力,张惠对此也很明了,就尽最大努力来约束朱温的行为,使朱温集团内部尽可能少地内耗,一致对外。朱温的长子朱友裕奉命攻打朱瑾,但没有追击俘获朱瑾,回来后朱温非常恼怒,怀疑他私通朱瑾,意欲谋反,吓得朱友裕逃入深山躲了起来。张惠为让父子和好,就私下派人将他接了回来,向父亲请罪。

朱温盛怒之下命人绑出去斩首。这时,张惠光着双脚从内室匆匆跑出来,拉住朱友裕的胳膊对朱温哭诉道:"他回来向你请罪,这不是表明他没有谋反吗?为何还要杀他?"朱温看着妻子和儿子,心软了下来,最终赦免了儿子。一波暂平,一波又起。朱瑾战败逃走之后,他的妻子却被朱温得到,张惠见朱温动了邪念,便让人把朱瑾的妻子请来,朱瑾妻赶忙向张惠跪拜行礼,张惠回礼后,对她推心置腹地说:"我们本来是同姓,理应和睦共处。他们兄弟之间为一点小事而兵戎相见,致使姐姐落到这等地步,如果有朝一日汴州失守,那我也会和你今天一样了。"说完,眼泪流了下来。朱温在一旁内心也受到触动,想想自己也愧对朱瑾。当初如果没有朱瑾的援兵相助,他也不会大败秦宗权,在河南站稳脚跟。

这次开战也是自己用了敬翔的计谋,妄加指责朱瑾诱降自己的将士才出兵的。此时已占领朱瑾领地,目的已经达到,何必再强占他的妻子呢。况且妻子已经知道内情,不如顺水推舟做个人情。最后,朱温将朱瑾的妻子送到寺庙里做了尼姑,但张惠却始终没有忘记这个有些不幸的女人,常让人去送些衣物食品,或许也算为朱温弥补一点过失。

**历史评价**

朱温没有自己约束自己这种多疑和嗜杀的品性,相反,嗜杀自始至终还表现为滥杀无辜。朱温对部下、战俘、士人均滥杀成性。战争时期为整肃军纪,利于调遣,从严治军是应该的,但朱温却严得残酷,杀得残忍。

张惠和朱温共同生活了二十余年,在朱温灭唐建后梁前夕却染病去世。朱温得到张惠病重的消息,急忙赶了回来。临终前,张惠还对朱温劝道:"既然你有这种建霸业的大志,我也没法阻止你了。但是上台容易下台难,你还是应该三思而后行。如果真能登基实现大志,我最后还有一言,请你记下。"朱温忙说:"有什么尽管说,我一定听从。"张惠缓缓说道:"你英武超群,别的事我都放心,但有时冤杀部下、贪恋酒色让人时常担心。所以'戒杀远色'这四个字,千万要记住!如果你答应,那我也就放心去了。"

张惠死后,不仅朱温难过流泪,就连众多将士也是悲伤不已。由于朱温多疑,常滥杀属下,杀人时没有人敢出来求情,只有张惠得知后时常来解救,几句温柔在理的话就使朱温暴怒平息,因此许多被救的将士都对张惠感激不尽,其他将士对张惠这种爱护将士之情也充满了敬仰。张惠为人和善,对朱温的两个妾也是如此,没有丝毫嫉妒,更不用说加害她们了。朱温因为张惠的贤惠,也没有像其他人那样娶三妻四妾。但是,张惠死后,朱温却放纵声色,忘了妻子临死时的忠言,后竟然和儿媳乱伦,终于是不听忠言,惨死刀下,遭了报应。张惠为朱温生有一子,即梁末帝朱友贞,朱温被唐朝封为魏王时,张惠也被封为魏国夫人。朱温称帝后,一直没有立皇后,大概是怀念这位贤惠而又有智谋的妻子吧。等到梁末帝继位时,才将母亲追加谥号为"元贞皇后"和"元贞皇太后"。

# 第四节　草根皇帝

中国的帝王中，出身于草根者原非少数，比如为后人称道不已的汉高祖刘邦，就是名副其实的草根。这一点，就连生活在他所创立的汉朝的司马迁也不得不称他"及长，试为吏，为泗水亭长，廷中吏无所不狎侮。好酒及色"。但与朱温相比，刘邦算小巫见大巫。

关于朱温，权威的《辞海》上只是平平实实地介绍说："朱温(852—912)，即梁太祖。五代大梁王朝建立者。公元907年至912年在位。宋州砀山人，唐乾符四年(877)，参加黄巢起义军。黄巢建立大齐政权时，任同州防御使。中和二年(882)，叛变降唐，被任为河中行营招讨副使，赐名全忠。次年，为宣武节度使。四年，与李克用等联兵镇压黄巢起义军。后又击破秦宗权，兼并徐州、兖州、郓州，并迫使河北各镇归附。天复元年(901)，进封梁王。与李克用父子进行长期征战。天佑四年(907)，代唐称帝，改名晃，都汴(今河南开封)，国号大梁，改元开平，史称后梁。乾化二年(912)，为其子友圭所杀。"

至于流氓，《辞海》的解释则是："原谓无业游民。后用以指不务正业，专门放刁撒赖、施展下流手段的人。"《辞海》的这一定义有些苍白无力，或者它指的主要是日常生活中我们所见到的小流氓，而不是朱温这样的政治流氓。如果我们来为政治流氓做个界定的话，那它就是那种为了政治上的野心和个人的私欲而不择手段，不惜调戏国家调戏正义调戏天下人的超级流氓。

**历史评价**

五代时期的法律严酷得令人发指，在中国法制史上五代就是以法律严酷而出名的。为保证战斗力，对待士兵极为严厉，每次作战时，如果将领战死疆场，所属士兵也必须与将领与阵地共存亡，如果生还就全部杀掉，名为"跋队斩"。

# 第五节　篡唐建梁

## 围攻凤翔

光化三年(900)十一月,宦官刘季述等幽禁唐昭宗,立太子李裕为帝。次年初,与朱温关系密切的宰相崔胤与护驾都头孙德昭等杀刘季述,昭宗复位,改年号为天复,进封朱温为东平王。此后,崔胤想借朱温之手杀宦官,而韩全诲等宦官则以凤翔(今属陕西)李茂贞、邠宁(今彬县、宁县)王行瑜等为外援。

这年十月,崔胤矫诏令朱温带兵赴京师,朱温乘机率兵7万由河中攻取同州、华州(今华县),兵临长安近郊。韩全诲等劫持昭宗到凤翔投靠李茂贞。

朱温追到凤翔城下,要求迎还昭宗。韩全诲矫诏令朱温返镇。天复二年,朱温在一度返回河中之后再次围攻凤翔,多次击败李茂贞。前来救助李茂贞的鄜坊节度使李周彝也被拦截而归降朱温。控制唐昭宗凤翔被围日久,城中食尽,冻饿死者不可胜计。李茂贞无奈,于天复三年(903)正月杀韩全诲等20人,与朱温议和。

朱温挟昭宗回长安,昭宗从此成了他的傀儡。昭宗也深知自己的境遇,他对朱温说:"宗庙社稷是卿再造,朕与戚属是卿再生。"因此他对朱温唯命是从。

不久,朱温杀第五可范等宦官700多人。唐代中期以来长期专权的宦官势力受到了彻底的打击。

朱温则被任命为守太尉、兼中书令、宣武等军节度使、诸道兵马副元帅,进爵为梁王,并加赐"回天再造竭忠守正功臣"的荣誉头衔和御制《杨柳词》5首。

然而朱温的目的是要取而代之。在任命他为诸道兵马副元帅之前商量正元帅的人选时，"崔胤请以辉王祚为之。上曰：'濮王长'。胤承全忠密旨利祚冲幼，固请之。己卯，以祚为诸道兵马元帅"。天祐元年(904)正月，朱温再次表请迁都洛阳(今属河南)，当昭宗"车驾至华州，民夹道呼万岁。上泣谓曰：'勿呼万岁，朕不复为汝主矣！'"又对他的侍臣说："朕今漂泊，不知竟落何所！"朱温把昭宗左右的小黄门、打毬供奉、内园小儿等200余人全部缢杀而代之以他选来的形貌大小相似的亲信。"昭宗初不能辨，久而方察。自是昭宗左右前后皆梁人矣！"

## 建梁称帝

迁都洛阳后，朱温仍担心38岁的昭宗有朝一日利用李茂贞、李克用等东山再起，就令朱友恭、氏叔琮、蒋玄晖等杀昭宗，借皇后之命立13岁的李柷为帝，是为昭宣帝。

为了推卸罪责，他在事前带兵离开洛阳到河中前线去讨伐新附于李茂贞的杨崇本。事后他回到洛阳演了一出戏："朱全忠闻朱友恭等弑昭宗，阳惊号哭，自投于地曰：'奴辈负我，令我受恶名于万代！'癸巳，至东都，伏梓宫恸哭流涕。又见帝自陈非己志。"

随后，他杀朱友恭和氏叔琮以灭口。天祐二年(905)二月，朱温又杀李裕等昭宗九子于九曲池。六月，杀裴枢、独孤损等朝臣30余人，投尸于滑州(今滑县东)白马驿附近的黄河，说是要让这些自诩为"清流"的官员成为"浊流"。

朱温迫不及待地要废唐称帝，令唐宰相柳璨、枢密使蒋玄晖等加紧筹划。柳、蒋一则认为"魏晋以来，皆先封大国，加九锡殊礼，然后受禅，当次第行之"。

再则认为"晋、燕、岐、蜀，皆吾勍

### 历史评价

朱温让人在士兵的脸上刺字，如果思念家乡逃走，或者战役结束后私自逃命，一旦被关津渡口抓获送回，必死无疑。无独有偶，现代史上的直系军阀吴佩孚也是在这种方法的基础上加以改造，以这种野蛮的方式提高战斗力。只不过吴佩孚的"效率"更高，让督战队手持大刀到前线执行任务，一遇退缩者，就地砍头。吴佩孚就这样在军阀混战中扩张自己的势力，但最终败在了勇猛无敌的叶挺手下，虽然枪毙许多连营长也无济于事。

敌,王遽受禅,彼心未服,不可不曲尽义理,然后取之"。因而建议朱温按部就班依例而行。

天祐二年十一月,昭宣帝任命朱温为相国,总百揆,并进封魏王,以宣武等21道为魏国,兼备九锡之命。

这本是柳璨等为朱温正式称帝铺设的一块跳板,可是朱温认为是柳璨等人有意拖延时日以待变,怒而不受此命,先后杀蒋玄晖、柳璨等人,进一步加快了夺权的步伐。

天祐四年(907)四月,朱温在表面上由唐宰相张文蔚率百官劝进之后,正式称帝,更名为朱晃,庙号太祖。改元开平,国号大梁,史称后梁。升汴州为开封府(今河南开封),建为东都,而以唐东都洛阳为西都。废17岁的昭宣帝为济阴王,迁往曹州济阴囚禁。次年二月,将其杀害。

# 第六节　朱温之死

梁太祖朱温的荒淫,行同禽兽,即使在封建帝王中也罕有其匹。

朱温为黄巢同州刺史时,娶砀山富室女张氏为妻。张氏"贤明有礼",朱温"深加礼仪","每军谋国计,必先延访。或已出师,中途有所不可,张氏一介请旋,如期而至,其信重如此"。

天祐元年张氏病死后,朱温开始"纵意声色,诸子虽在外,常征其妇入侍,帝往往乱之"。

乾化二年,"太祖兵败蓨县,道病,还洛,幸全义会节园避暑,留旬日,全义妻女皆迫淫之"。

张全义之子愤极要手刃朱温,为张全义苦苦劝止。至于朱温的儿子们对朱温的乱伦,不仅毫无羞耻,竟然利用妻子争宠,博取欢心,争夺储位,真是旷古丑闻!养子"朱友文妇王氏色美,帝(朱温)尤宠之,虽未以友文为太子,帝意常属之"。

朱温病重时,打算把朱友文从东都召来洛阳付以后事。其亲子"友珪妇亦朝夕侍帝侧,知之,密告友珪曰:'大家(指朱温)以传国宝付王氏怀往东都,吾属死无日矣!'"

朱友珪随即利用他掌握的宫廷宿卫侍从及其亲信韩勍所部牙兵发动宫廷政变,"中夜斩关入","友珪仆夫冯廷谔刺帝腹,刃出于背。友珪自以败毡裹之,瘗于寝殿"。这样,朱温最后于乾化二年(912)六月被亲子友珪所害,终年61岁。

# 第三章　自尊而残暴的刘知远

后汉高祖刘知远,生于唐昭宗乾宁二年(895),卒于汉乾祐元年(948)。他在后晋开运四年(947)称帝建立后汉,改名刘暠,庙号高祖。其祖先本为沙陀部人,世居太原。刘知远是五代后汉王朝的建立者。

刘知远初与石敬瑭一起为后唐明宗李嗣源手下将领,后帮助石敬瑭在契丹扶持下建立后晋,被任为河东节度使,北京(今山西省太原市南)留守等职。后来刘知远打出复兴后晋、迎石重贵来晋阳的旗帜,受到将士的拥戴。公元947年2月辛未日,他在晋阳称帝,改名为暠,建国号为汉。第二年建年号为"乾祐",史称后汉。

## 第一节　乱世中崛起的刘知远

刘知远从小为人沉稳庄重,不好嬉戏。到了青少年时期,正值李克用、李存勖父子割据太原,刘知远就在李克用的养子李嗣源(即后来的唐明宗)部下为军卒。当时,石敬瑭为李嗣源部将,在战斗中,刘知远不顾自己的生死安危,两次救护石敬瑭脱难。石敬瑭感而爱之,以其护援有功,奏请将刘知远留在自己帐下,做了一名牙门都校,不久升任马步军都指挥使。

后唐清泰三年(936),石敬瑭得助于刘知远等人谋划,在开封称帝,建立了后晋,是为晋高祖。从此,刘知远以其军政才能和佐命功,历任检校司空、侍卫马步都指挥使、点检随驾六军诸卫事、许州节度使、朱州节度使、检校太傅、北京(今太原)留守、河东节度使等职,日趋显贵。石敬瑭当了七年儿皇帝,于晋天福七年(942)死去。养子石重贵即位,是为晋出帝，刘知远也迁检校太师，进位中书令。

后晋开运元年（944），契丹主耶律德光率军南下，刘知远作为幽州道行营招讨使，在忻口大破契丹军，累迁太原王、北平王，之后又在朔州阳武谷再破契丹。刘知远在这段时期的主要意图是称霸河东，成就王业，因此对朝廷的诏命半推本就，一方面不服调遣，作战中逗留不进，另一方面也主动出击一下，好让朝廷与契丹不致小看自己。

刘知远认为：契丹乃游牧部族，贪残且失人心，加上中原人民的不断反抗，不会久居不退；而石敬瑭对他有知遇之恩，他曾表示"予未忍忘晋"，马上就与朝廷反目，又显不"仁"不"义"，还需要等待时机。

当契丹入开封时，刘知远使部将王峻表面以祝贺胜利为名，实际则到开封察看形势；有些部将主张起兵击辽，刘知远则以为用兵有缓有急，现在契丹正得势，不可轻举妄动，契丹并无大志，重在搜刮财物，天气渐暖，势难久留；而晋藩镇纷纷降辽，也是暂时的，他们当中有的拒辽投降，有的斩杀辽使，但均无谋图中原的豪强之辈；至于南唐以恢复祖业为口实，也不曾设谋取中原。

当待契丹去而出兵取天下，可以万全。这种算盘虽缺乏进取精神，总还算得是伺机而动，志在恢复。鉴于上述原因，他事先与契丹勾结，奉表称臣，同时广募士卒，养精蓄锐，加紧称帝的准备。

后晋开运三年（946），耶律德光率契丹军大举进兵，攻入开封，石重贵投降，后晋灭亡。刘知远看准时机，于后晋开运四年（947）在太原称帝，建立了汉政权。当然，为了掩饰其政治企图，他不改国号，而是延用石敬瑭的年号，称天福十二年（947）。接着，刘知远下诏禁止为契丹括钱帛；慰劳保卫地方和武装抗辽的民众；在诸道的契丹人一律处死，等等。这些措施意

在振奋人心,争取后晋旧臣的投诚归附,为顺利称帝铺平道路。契丹在中原人民抗击下退出后,刘知远又乘机进入开封并建都,改名字为暠改国号为大汉,改天福十三年(948)为乾祐元年,蠲免赋税,大赦天下,堂而皇之做起了皇帝。刘知远果断采纳了皇后李氏的建议,一改过去靠搜括民财犒军的惯例,而是拿出宫中所有财物赏赐将士,果然深得人心;加上用人得当,进军中派史弘肇为先锋,方能治军严整,所向无敌。

不过刘知远在位不满一年,便于乾信元年(948)去世了,时年54岁。其子刘承祐继位,是为汉隐帝。由于朝廷激烈的内争,邺都留守郭威和侍卫步军都指挥使王殷等举兵攻入开封,隐帝刘承祐被杀,后汉灭亡,共传二帝,历时四年,是五代史上最短命的王朝。

刘知远生逢乱世,在其主要政治和军事活动中有一个引人注目的问题,就是对契丹的态度。契丹是鲜卑族的一支,唐代后期逐渐成为北方强悍的势力,唐的河东节度使石敬瑭在太原举兵叛唐,在契丹帮助下建立了晋朝。

为了报答契丹的帮助,不惜将燕云十六州割让,并称比他小11岁的耶律德光为父。从此中原门户大开,无险可守。在这方面,刘知远比石敬瑭要看得远些,做法上也有所区别。虽然他和石敬瑭同被契丹呼"儿",但刘知远则认为:称臣即可,当儿子则太过分,多送些金帛使辽兵援助而不必以割地相许,割地会造成将来后患无穷。

可见他对契丹更多的是主张笼络、利用以图谋中原,况且他还曾两次大破契丹,直至称帝后也没有中断同契丹的战事。还应提及的是,后晋开运二年(945)秋,位居邺都留守的杜重威打了败仗后,在契丹引诱下遣使送表,屈膝投降。刘知远称帝后不惜率军亲征讨伐,兵临城下逼其归顺。对这一反复无常、生性难驯的邺台叛帅,刘知远在临终前还不时提醒左右"善防重威",并授意将其诛杀。

今传,残存的北宋唱本《刘知远诸宫调》以及元曲《白兔记》,均以刘知远早年的传奇经历为题材,同时也反映了五代时期的历史风貌。

# 第二节　人物轶事

## 杀人不眨眼的武夫

刘知远也是一个杀人不眨眼的武夫。早在后唐的张敬达围攻太原时,有千余名骁卒投降,石敬瑭打算将其编入亲军,刘知远却下令把他们全部杀掉;他任后晋河东节度使时招来吐谷浑白承福,而到开运三年(946)他又与郭威一起"诬承福等五族谋叛,以兵围而杀之,合四百口,籍没其家赀"。耶律德光从汴梁北撤时留守河南的萧翰,获悉刘知远自太原南下,逃跑前夕,慌忙令后唐明宗的幼子李从益及其母王淑妃出来维持局面:"矫称契丹主命,以从益知南朝军国事",李从益母子不得已而从之。待萧翰一离开,王淑妃就要求部属"宜早迎新主"。对于这样自愿交出权力的过渡性人物,刘知远也不肯放过,他到洛阳后,即"命郑州防御使郭从义先入大梁清宫,密令杀李从益及王淑妃。"可是对于拥兵自重的藩镇,刘知远却拉拢姑息有加。他在位期间不但为活着的大小军阀加官晋爵,而且还为死去的

### 人物评价

历代史学家们对刘知远的评价,多为批评。各种看法不无道理。但要知道五代十国是一个纷扰割裂的时期,是唐代后期方镇割据进一步发展的时期,人民不但备受封建军阀残暴统治的痛苦,而且还受到契丹袭扰的祸害。

军阀赠爵封王。尤其典型的是杜重威这样一个投降契丹招致后梁灭亡的叛臣,他称帝后仍然任命为太尉、归德军节度使。杜重威据邺城不愿换防而举兵反,刘知远亲自带兵镇压迫其投降后,竟仍拜他为检校太师、守太傅、兼中书令。直到刘知远自己病重临终,才嘱顾命大臣杀杜重威父子。由此看来,史评认为:"虽有应运之名,而未睹为君之德"是有道理的。

## 历史评论

对于刘知远,历代史学家多有评论,且鞭笞者居多。诸如"乘虚而取神器,因乱而有帝图";"无复君臣之义,而幸祸以为利"。这些评论虽有一定道理,然而,均以封建正统为其准绳,往往缺乏历史的客观性。客观来看,自隋唐五代以来,哪一个拥有军事实力的藩镇、军阀,没有图谋帝业之心?后梁朱温如是,后唐李存勖如是,后晋石敬瑭更不惜"割地"、"称儿",可耻地登临帝位。至于刘知远,生逢乱世,拥有重兵,先后参与李嗣源、石敬瑭自立谋篡之举,个中奥妙,耳濡目染,早得真传。时机不成熟时,尚能韬晦于心中,一旦时机成熟,必然取而代之,本无什么"君臣之义"、"不暇崇仁"之说。对其评价应站在较为客观的历史角度来看,刘知远作为一个动荡时期的封建帝王,在统一北方,抵御契丹方面是起了积极作用的。尤其是反对石敬瑭"割地"、"称儿皇帝",对其卑劣行径给予公开的反对,深忧"恐异日大为中国之患",证明其有着深谋远虑的政治洞察力。

## 刘知远的悲哀

刘知远称帝仅一年就死去了,遗命由杨邠、郭威、史弘肇、苏逢吉四人辅佐其子刘承祐即位,是为后汉隐帝。当时后汉隐帝只有18岁,只知道过荒淫无耻的生活。朝中掌权的大臣杨邠、苏逢吉、王章等都是一些毫无政治经验的俗吏,却个个骄横无比。只有郭威比较有政治见识,但却受到排挤,在乾祐三年(950)被任命为邺都留守,兼天雄军节度使,以防御契丹。五代以汴洛为都,镇邺的天雄军(即原来的魏博)为京师屏障,郭威控制天雄军,就实际上控制了朝廷的命脉。但后汉君臣愚蠢地竟认识不到这一点,乾祐三年十一月,后汉隐帝先杀掉专横的杨邠、史弘肇、王章,然后就密令人去暗杀郭威和侍卫步军都指挥使王殷。郭威和王殷举兵攻入大梁,杀死后汉隐帝,另立刘赟为帝。政权完全控制在郭威手里。

# 第三节　投靠李嗣源

刘知远,即后汉高祖,沙陀部人,继位之后又改名为刘暠,有的史书上说他是东汉皇族的后裔,估计也是在称帝后才有的说法,不太可信。刘知远世代生活在太原,由于家境非常贫寒,所以他的父亲和祖父等人的事迹在史书上都没有什么记载。

在刘知远小的时候,他性格很内向,平时也是寡言少语,因为体质较弱,所以又经常得病。还有他的眼睛白多黑少,加上脸色紫黑,给人一种很威严的感觉。由于生活困难,他不得以只好到一个姓李的大户人家去当上门的女婿,在封建社会,这种女婿叫做赘婿,社会地位几乎到了最底层,备受歧视。在一次牧马时,因为马踏坏了寺庙属地的庄稼,被僧人捆绑起来,打了一顿。刘知远不甘心这样下去混一辈子,就寻找时机出去干一番事业。不久刘知远就投到李嗣源的手下当了兵,由于作战勇敢,被升为偏将,和石敬瑭一起共事。在李嗣源和后梁军队激战于黄河岸边的德胜(今河南濮阳)的时候,石敬瑭的马甲突然断裂,几乎就要被后梁

**刘知远之妻李皇后**

刘知远死后,儿子继位,李皇后成了李太后,儿子任用一些无能的人掌管朝政,而且和舅舅也就是李太后的小弟弟李业一块玩乐,使后汉很快就走上了灭亡之路,李太后多次劝说,儿子根本不听,在儿子听信舅舅的话,以为大臣跋扈危及自己的帝位,要将史弘肇等人杀死时,李太后反对他们这么做,要他们和其他宰相商量,慎重从事。

军队赶上了，这时，刘知远将自己的马换给了石敬瑭，自己则骑上石敬瑭的马，掩护石敬瑭后撤。事后，石敬瑭非常感激他舍命相救，于是在李嗣源继位称帝并任命他担任河东节度使后，石敬瑭就将刘知远要到自己手下任职，担任押衙，做了他的亲信。

## 第四节　智救石敬瑭

在后唐末年李从珂起兵和后唐愍帝李从厚争夺帝位时，石敬瑭也领兵赶赴首都，在路上碰到出逃的李从厚，石敬瑭和李从厚到屋内密谈，刘知远为防万一，就暗地里派勇士石敢前去保护，石敢在袖子里藏了一把铁锤，站在石敬瑭的背后。最后李从厚的随从嫌石敬瑭没有忠心保护李从厚的意思，就抽剑向石敬瑭刺来，石敢掩护着石敬瑭躲进旁边的一个屋子里，用巨木将门挡住，等刘知远闻讯领人闯进去时，石敢已经战死，刘知远于是将李从厚的所有随从全部杀死，石敬瑭没让杀李从厚，派人将他先囚禁起来，后来，李从厚被李从珂派人杀死。在民间的墙上经常见到"泰山石敢当"的字样，是避邪用的，故事的本源就是上述事实。

这次，刘知远凭借他过人的机智，又救了石敬瑭一命，石敬瑭感激他的救命之恩，就重用他，让他担任了马步军都指挥使，成为兵马总管。刘知远治军非常严格，对于将士一视同仁，所以他的部队军纪很严，战斗力也很强。在石敬瑭和后唐开战后，刘知远就率领仅五千兵马将太原城守得滴水不漏，挡住了张敬达五万

军队的攻击。

在石敬瑭为保住自己地盘请求契丹增援的时候，刘知远和桑维翰两个人全力支持石敬瑭，但在许诺的条件上，刘知远不同意石敬瑭既进贡称臣又称子的做法，觉得没有必要许诺这么屈辱的条件。但石敬瑭一心想做皇帝，担心条件低了契丹不肯出兵，刘知远见无法劝解，只好沉默。在这一点上，他比石敬瑭还算有些自尊心。

耶律德光支援石敬瑭打退后唐的进攻后，对石敬瑭推荐刘知远："这个大将很勇猛，以后不要随意舍弃。"石敬瑭对于这个救过他性命的心腹之将也是非常满意的，在打下后唐首都后，就让刘知远担任了禁军的总管，将兵权托付给了他。

# 第五节　与石敬瑭的隔阂

对后晋有汗马功劳的刘知远并非一味听从石敬瑭的安排，也有自尊心。在石敬瑭把他和杜重威一起加封为同平章事，并兼领节度使的时候，他不干了，他觉得和杜重威这个靠裙带关系升上来的人任同样的官是对他的侮辱，所以他拒绝上任，在家里装病不出。石敬瑭则认为他是居功自傲，就要撤了他的官职。宰相赵莹替他说情，然后又派大学士和凝到府上去说服，并宣读圣旨，刘知远这才接受了。但此后，君臣之间的关系淡漠了许多，隔阂也逐渐加深，以致后来互相猜忌起来。为削弱刘知远的权力，石敬瑭有一次借口防范安重荣，让刘知远到魏州任职，将他调出了京城。第二年，又将他调到河东任节度使，而且免除了他禁军统帅的职务，让杜重威接替

## 妻子李皇后

李皇后忠厚善良，刘知远在太原称帝后，想赏赐将士们，但府库里又没那么多的财物。刘知远就想向百姓征税来敛财赏赐属下，李皇后知道后反对他做这种丧失民心的事，她说："现在你凭借河东起兵，而且又称义兵，要救百姓于苦难之中，但百姓还没有得到好处的时候你却将他们的钱财先拿走了，这不是失信于民吗？妾愿意将宫中的财物拿出来赏赐将士，虽然不多，但人们不会有怨言的。"这件事传出来后，百姓们非常感动。

他。刘知远知道石敬瑭开始猜忌他，到了河东也就开始为以后做打算，专心经营河东这块地盘。为收拢河东地区的民心，进而把河东变为他的根据地，刘知远到了之后，就立刻派人把当年打他的僧人请到官府来，热情招待了一番，感动得僧人们热泪直流。从此，刘知远有度量讲仁义的美名传遍了河东，在河东军民的心目当中他的威望大增。刘知远的军事和政治谋略比石敬瑭要强出很多。

> ### 妻子李皇后
>
> 　　不管刘知远怎样，他的妻子却值得一提，妻子李皇后为人比他要强许多。他的妻子也是太原人，在刘知远当兵地位很低的时候被他强娶成亲，她也没有再反抗，和刘知远过起了日子。后来刘知远地位高了之后，她也被封为魏国夫人，还为刘知远生了一个儿子，即后汉隐帝刘承祐。

# 第六节　经营河东静观中原

　　刘知远在河东一心一意地经营自己的独立王国，但对大晋朝廷的变化他也是时刻注视着。在石敬瑭死后，石重贵继位，景延广把持了朝政，对契丹态度强硬起来，虽然这和刘知远的想法接近，但刘知远并没有和景延广联合，而是很狡猾地静观其变，他也看出来晋朝和契丹早晚会发生战争，因此更加注意保存实力，发展自己的力量。

　　在晋和契丹的三次大的战争中刘知远没有派一兵一卒相救，而是坐收渔翁之利，在晋和契丹大战阳城时，他仍然坐山观虎斗，保存实力，最后把打散的几千名后晋士兵收入自己手下，加上他本身的兵力，河东的兵马有了五万之众，力量雄厚了，刘知远开始寻找时机争霸中原了。

　　刘知远为了自己的利益，坐视后晋的灭亡而不顾，石重贵几次让他发兵他也置之不理，石重贵没办法，从此也不再和他商议军国大事。刘知远也只知道守卫自己的地盘，在契丹进犯的时候，他领兵在朔州的南阳武谷大败契丹军队。等耶律德光灭了后晋，在开封宣布将后晋的国土并入契丹，将契丹改为大辽时，他派王峻进奉三表给耶律德光，一个祝贺耶律德光占领开封；一个说自己由于太原一带各民族杂居，加上领兵驻守离不开,所以不能亲自去拜见;第三个则狡诈地说,已经为耶律德光准备了贡物,但契丹的军队从土门(今河北获鹿)进入了河东境内驻守,挡住了到开封的去路,等耶律德光召回军队后,道路通了再将贡物进奉。

刘知远投机取巧得以趁势登基称帝,但也就一年的时间他便撒手西天了。两年后后汉也灭亡了,后汉不是中国历史上最短命的王朝也差不多了。

# 第四章　汉朝的开拓者——刘邦

汉高祖刘邦,汉朝开国皇帝,汉民族和汉文化伟大的开拓者。中国历史上杰出的政治家、战略家、指挥家。参与秦末的推翻暴秦行动。公元前206年刘邦首先进入关中要地,秦朝灭亡。楚汉之争后,统一中国,建立汉朝。前202年2月28日即皇帝位,建都长安。登基后,一面平定诸侯王的叛乱,一面建章立制并采用休养生息之宽松政策治理天下,迅速恢复生产发展经济,不仅安抚了人民,也促成了汉代雍容大度的文化基础。他对汉民族的统一、中国的统一强大,以及汉文化的保护发扬有决定性的贡献。

## 第一节　人物简介

汉高祖刘邦(前256—前195年四月二十五),秦朝泗水郡沛丰邑中阳里(今江苏省徐州市丰县)人。谥号高皇帝。

刘邦出身农家,早年当过亭长,为人豁达大度,不事生产。秦时因释放刑徒而亡匿芒砀山中。秦二世元年(前209)九月,刘邦在沛县聚众响应陈胜、吴广起义,称沛公,不久投奔项梁。公元前206年十月进抵霸上。秦王子婴投降,秦灭亡。刘邦废秦苛法,与关中父老约法三章:"杀人者死,伤人及盗抵罪。"因此受到人民的欢迎。项羽击溃秦军主力后,也引兵入关。听说刘邦已定关中,项羽大怒,进驻鸿门,欲攻刘邦。刘邦因兵力不敌,听从张良的意见,亲至鸿门,卑辞言好。项羽封刘邦为汉王,统治巴蜀地及汉中一带。

刘邦不甘心亡秦的胜利果实被项羽独占,率军东出,发动了长达四年的楚汉战争。战争前期,刘邦处于劣势,屡屡败北。但他知人善任,注意纳谏,能充分发挥部下的才能,又注意联合各地反对项羽的力量,终于反败为胜。汉王五年冬,刘邦约韩信、彭越等人率军进围楚军于垓下。项羽率部突围,至乌江自刎。当年二月(按西汉前期以十月为岁首,同年二月在十月之后),刘邦即帝位,初建都洛阳,不久迁至长安,史称西汉。

刘邦即位后,采取了许多重要措施,如减轻田租,什五税一,"与民休息",凡民以饥饿自卖为奴婢者,皆免为庶人,士兵复员归家,豁免其徭役等,继续推行秦代按军功授田宅的制度,规定商人不得衣丝乘车,并加重租税等,恢复残破的社会经济,稳定封建统治秩序。他还剪除异姓诸侯王以加强统一的中央集权国家。他认为秦代不分封子弟招致孤立败亡,于是裂土分封九个同姓诸侯王。他还接受娄敬强干弱枝的建议,把关东六国的强宗大族和豪杰名家10余万口迁徙到关中定居。

秦亡以后,漠北的匈奴乘机南下,重新占据了河南地(今内蒙古河套地区)。汉初,匈奴不断侵扰汉的边郡,高祖六年(前201),韩王信投降匈奴。次年,刘邦亲自率兵前往征讨,在白登(今山西大同东北)被匈奴30余万骑兵围困七昼夜。后用陈平计谋,重赂冒顿单于的阏氏,才得脱险。此后,刘邦不得不对匈奴采取和亲政策,开放汉与匈奴之间的关市,以缓和双方的关系。

刘邦年轻时放荡不羁,鄙视儒生。称帝以后,他认为自己是马上得天下,《诗》《书》没有用处。陆贾说:"马上得之,宁可以马上治乎?"刘邦于是命陆贾著书论述秦失天下原因,以资借鉴。

他命萧何重新制订律令,即"汉律九章"。刘邦晚年宠爱戚姬及其子赵王如意,疏远吕后,几次想废黜吕后所生的太子刘盈(惠帝)而立如意。但因大臣反对,只好作罢。高祖十二年,刘邦因讨伐英布叛乱,被流矢射中,其后病重不起而逝世。

# 第二节　初始时期

## 不事主业　高阳酒徒

刘邦出生于丰县中阳里金刘寨村,和卢绾同年同月同日生,因此两家非常要好。幼时和卢绾一起拜马维先生为老师,在马公书院读书。年龄稍长后,经常逃学,常被老师训斥,但他性格豪爽对人很宽容。他也不喜欢下地劳动,所以常被父亲训斥,说他不如自己的哥哥会经营,日后在统一天下之后,刘邦还拿此事和刘太公开玩笑:"您看我和刘仲(刘邦的哥哥)到底谁创下的基业大?"大人们都认为刘邦没有大志,不能治理商业,也不能干活,没有收入。但刘邦依然我行我素。刘邦长大后做了泗水的亭长(亭长是管十里以内的小官),时间长了,和县里的官吏们混得很熟,在当地也小有名气。刘邦的心胸很大,在一次送服役的人去咸阳的路上,碰到秦始皇大队人马出巡,远远看去,秦始皇坐在装饰精美华丽的车上威风八面,羡慕得他脱口而出"大丈夫就应该像这样啊!"

## 吕公嫁女　娶妻吕雉

刘邦的妻子是吕公的女儿吕氏,名叫吕雉。吕公和家乡的人结下冤仇后来到了沛定居,因为沛令和他是好友。在刚刚到沛时,很

多人便听说了他和县令的关系，于是，人们便来上门拜访，拉拉关系，套套近乎。刘邦听说了也去凑热闹，当时主持接待客人的是在沛担任主簿的萧何，他宣布了一条规定：凡是贺礼钱不到一千钱的人，一律到堂下就坐。刘邦根本不管这些，虽然他没有带一个钱去，他却对负责传信的人说："我出贺钱一万！"吕公听说了，赶忙出来亲自迎接他。一见刘邦器宇轩昂，与众不同，就非常喜欢，请入上席就坐。这次刘邦不但白吃一顿饭，酒足饭饱之后，吕公又将他盛情留下，提出将自己的女儿嫁给他为妻。刘邦巴不得成这门亲事，征得父母同意之后，便和吕氏结了婚，这就是以后历史上有名的吕后。汉惠帝刘盈就是她和刘邦的儿子，还有一个孩子就是鲁元公主，她嫁给了软弱却孝顺的张敖。

## 落草山中　芒砀斩蛇

刘邦以亭长的身份为泗水郡押送徒役去骊山，徒役们有很多在半路逃走了。刘邦估计等到了骊山也就会都逃光了，所以走到芒砀山时，就停下来饮酒，趁着夜晚把所有的役徒都放了。刘邦说："你们都逃命去吧，从此我也要远远地走了！"徒役中有十多个壮士愿意跟随他一块走。刘邦乘着酒意，夜里抄小路通过沼泽地，让一个壮士在前边先走。走在前边的人

回来报告说："前边有条大蛇挡在路上，还是回去罢。"刘邦已醉，说："大丈夫走路，有什么可怕的！"于是赶到前面，拔剑去斩大蛇。大蛇被斩成两截，道路打开了，继续往前走了几里，醉得厉害了，就躺倒在地上，后边的人来到斩蛇的地方，看见有一

老妇在暗夜中哭泣。有人问她为什么哭，老妇人说："有人杀了我的孩子，我在哭他。"有人问："你的孩子为什么被杀呢？"老妇说："我的孩子是白帝之子，变化成蛇，挡在道路中间，如今被赤帝之子杀了，我就是为这个哭啊。"众人以为老妇人是在说谎，正要打她，老妇人却忽然不见了。后面的人赶上了刘邦，刘邦醒了。那些人把刚才的事告诉了刘邦，刘邦心中暗暗高兴，更加自负。那些追随他的人也渐渐地畏惧他了。

## 起兵反秦　先入关中

在公元前209年，秦末农民起义爆发，陈胜、吴广率领起义军攻占了陈州（现在河南淮阳）以后，陈胜建立了"张楚"政权，和秦朝公开对立。这时，沛的县令也想响应来继续掌握沛郡政权，萧何和曹参当时都是县令手下的主要官吏，他们劝县令将本县流亡在外的人召集回来，一来可以增加力量，二来也可以杜绝后患。县令觉得有理，便让刘邦的挚友樊哙把刘邦找回来，刘邦便带人往回赶。这边的县令却又后悔了，害怕刘邦回来不好控制，弄不好还会被刘邦所杀，等于是引狼入室。所以，他命令将城门关闭，还准备捉拿萧何和曹参。萧何和曹参闻讯赶忙逃到了城外，刘邦将信射进城中，鼓动城中的百姓起来杀掉出尔反尔的县令，大家一起保卫家乡。百姓对平时就不太体恤他们的县令很不满，杀了县令后开城门迎进刘邦，又推举他为沛公，领导大家起事。刘邦便顺从民意，设祭坛，立赤旗，自称赤帝的儿子，领导民众举起了反秦大

旗。这一年已经是前209年10月,刘邦已经有48岁了。秦末农民战争中还有一支强大的力量,这就是原来楚国贵族的后代项籍(即项羽,项羽名籍)和叔父项梁,他们在吴中(现在江苏的苏州市)起兵,兵力很快达到了近万人。在项梁死后,项羽决定和刘邦一起西进关中。

开始时,刘邦也不太顺利,但经过几次战役,刘邦步步西进,大破秦兵。公元前207年12月,刘邦率大军到达了咸阳东边不远处的灞上(今陕西省西安市东),秦王子婴见大势已去,只得献城投降,将传国玉玺亲手交给了刘邦,秦国至此灭亡,共立国15年零47天。

## 立足关中 鸿门脱险

刘邦很得意地进入了咸阳城,以"关中王"自居。看着富丽堂皇的宫殿,刘邦有些留恋起来,准备就此住下,享受享受。樊哙劝他注意天下还没有平定,别忘了秦的前车之鉴。刘邦根本听不进去,直到张良亲自来劝,他这才认识到了问题的严重性。于是,刘邦将军队撤退到了灞上。刘邦到达灞上之后,便召集当地的名士,和他们约法三章:杀人者死,伤人及盗抵罪。其他秦朝的苛刻法制一律废除,这使他得到了民心支持。

项羽在打败章邯,迫使他投降之后,也领兵直奔关中而来。范增劝他趁机除掉刘邦这个对手,项羽就下令准备,要在第二天进攻。这时的刘邦在兵力上无法和强大的项羽相抗衡,他只有十万军

队,不可能战胜项羽的四十万精兵。最后是项羽的叔叔项伯"救"了刘邦:项伯和刘邦的谋士张良很要好,见项羽要进攻了,便连夜潜入营中找到张良,让他赶紧走,以免被杀。张良却说不能丢下刘邦,就将消息透露给了刘邦。惊慌之下,刘邦赶忙向张良要计策,张良让刘邦赶紧去见项伯,说明自己没有

野心和项羽争夺王位。刘邦依计约到项伯,说明自己并无称王野心,并于项伯约成儿女亲家。项伯当天夜里就返回了军营,他对项羽说:"因为沛公先行进入关中,为我们扫除了入关的障碍,我们这才能顺利地通过函谷关,沛公是有功劳的人,我们不应该猜疑他,应该真诚相待。"项羽听了,便决定不再进攻刘邦。

第二天,刘邦来到了项羽的军营,只带了樊哙、张良和一百名精锐亲兵。到了项羽的鸿门大帐,当面向迎接他的项羽赔礼道歉。项羽请刘邦入内赴宴,项羽的亚父范增,一直主张杀掉刘邦,在酒宴上,一再示意项羽发令,但项羽却犹豫不决,默然不应。范增召项庄舞剑为酒宴助兴,趁机杀掉刘邦,项伯为保护刘邦,也拔剑起舞,掩护了刘邦,没有成功。这就是成语"项庄舞剑,意在沛公"的由来。后来刘邦借故离开,回到了自己大营。

## 暗度陈仓　还定三秦

公元前207年12月,刘邦灭秦后在关中称王。公元前206年1月,项籍挥军破函谷关,想消灭刘邦军。刘邦自知不敌,亲赴鸿门(今陕西临潼东北)谢罪。不久,项籍入咸阳,烧阿房宫、杀秦王子婴。春,项籍表面上尊楚怀王为义帝,实际却将其发配到了江南,自立为西楚霸王,定都彭城(今江苏省徐州市),同时分封18诸侯,封刘邦为汉王,领巴蜀及汉中地,并故意封秦

降将章邯、司马欣、董翳为雍王、塞王、翟王,领关中地,以扼制刘邦。刘邦只好忍气吞声接受封号,于四月领兵入汉中、并烧毁栈道(用木板架在悬崖上铺成的道路),表示再也无意出兵,以麻痹项籍。项羽亦率军东归。六七月,齐国贵族后裔田荣不满分封,赶走齐王,杀胶东王,自立为齐王。刘邦乘乱重返关中,击败章邯,迫降司马欣、董翳,并用计欺骗项籍,使其相信自己取得关中后已心满意足,再也不会东进了。项籍放心去攻打田荣,对西边没有加强防范。11月,刘邦挥军东出,拜韩信为大将,明修栈道,暗渡陈仓(今陕西省宝鸡市东),名为义帝发丧,派人联络诸侯,公开声讨项籍,拉开了4年楚汉战争的序幕。

## 初战彭城　争夺成皋

公元前205年5月,刘邦乘项籍在齐国停留的机会,率领诸侯联军56万一举攻占彭城。项羽闻之,急率轻骑兵3万奔袭,联军被杀十万,溺水淹死十万,刘邦仅率数十骑逃脱,反楚联盟瓦解。同年6月,刘邦到达荥阳,一路收集败兵,并派韩信于萧索之间击败了楚追兵,得以喘息,稳住了阵脚,遂重整军队,依托关中基地和有利地势与项羽长期抗争。7月,一直负隅顽抗的章邯终于兵败自杀,刘邦解除了后顾之忧;且在逃往荥阳前便派人说服英布反楚,联络彭越扰楚后方;派韩信开辟北方战场,攻魏俘魏王豹,破代,灭赵杀陈余。公元前205年冬,项羽发动反攻,围困荥阳,形势十分危急。刘邦用陈平反间计,使项羽怀疑范增,不用其谋,迫使范增怒而归乡。刘邦又派纪信装扮成自己去楚军诈降,乘机逃出荥阳。项籍加紧围攻荥阳,并夺取成皋。

为了减轻楚军对荥阳的压力,刘邦率军经武关、宛(今河南南阳)、叶(今叶县南),想引诱项籍南下。为配合汉军行动,此时韩信也率军到达黄河北岸,声援荥阳。彭越正在进攻下邳(今江苏邳州南)。项籍被迫率军回救,刘邦乘机收复成皋。公元前204年7月,项籍以凌厉攻势拔荥阳,再夺成皋。

### 攻灭楚军　消除割据

刘邦一面命汉军在巩县一带坚守，阻击楚军前进，一面命韩信组建新军击齐，派人入楚腹地协助彭越进攻睢阳（今河南商丘南）、外黄等地，再次迫使项羽回救。公元前204年11月，刘邦用计再次收复成皋，斩杀了项羽大将曹咎。

项籍在击败彭越后，寻汉军主力决战不成，屯兵广武（今荥阳北）与刘邦形成对峙。不久，韩信在潍水之战中歼灭齐楚联军，完成对楚侧翼的战略迂回，又派灌婴率军一部直奔彭城。项籍腹背受敌，兵疲粮尽，遂与汉订盟，以鸿沟为界，中分天下，东归楚，西归汉。公元前203年10月，项籍引兵东归。

楚、汉订盟后，刘邦本想退兵，在张良、陈平提醒下，下令全力追击楚军。公元前203年11月，两军战于固陵（今淮阳西北），项羽小胜。公元前202年1月，刘邦以封赏笼络韩信、彭越、英布等，垓下一战重创楚军，逼项籍自刎于乌江（今安徽省和县境），终于结束了为期4年的楚汉战争。

公元前202年1月，刘邦、韩信、刘贾、彭越、英布等各路汉军约计70万人与10万久战疲劳的楚军于垓下（今安徽灵璧县南）展开决战。汉军以韩信率军居中，将军孔熙为左翼、陈贺为右翼，刘邦率部跟进，将军周勃断后。

韩信挥军进攻，采用诱敌深入战术，前军先诈败，信引兵后退，命左、右翼军包抄攻击楚军后部步军。楚军久战疲劳后军迎战不利，汉军将楚后军与项羽前军骑士分割两半，韩信再指挥全军反击，楚军大败，阵亡四万余，被俘两万，被打散两万，仅剩不到两万伤兵随项羽退回阵中。后楚军退入壁垒坚守，被汉军重重包围。楚军兵疲食尽。韩信命汉军士卒夜唱楚歌，歌云："人心都向楚，天下已属刘；韩信屯垓下，要斩霸王头！"致使楚军士卒思乡厌战，军心瓦解，项羽只有率800人突围至乌江(今安徽省和县境)，这时项羽身边只剩下28骑了，一亭长愿带项羽逃至江东重振霸业，遭项羽拒绝。项羽带着28骑大战汉军，最后全军覆没，项羽不愿被俘受辱，于是在乌江自刎而死。刘邦于是还至定陶，驰入韩信军中，收夺了他的兵权，后改封韩信为楚王，都下邳(今江苏邳州市东)。

# 第三节　汉朝的建立

## 称帝封王　汉殿论功

在公元前202年2月，刘邦兑现了先前的诺言，封韩信为楚王，彭越为越王。受封的韩信和彭越联合原来的燕王臧荼、赵王张敖以及长沙王吴芮共同上书刘邦，请他即位称帝。刘邦开始假意推辞，韩信他们说："大王虽然出身贫寒，但能率领众人扫灭暴秦，诛杀不义，安定天下，功劳超过诸王，您称帝是众望所归。"刘邦顺水推舟地说："既然你们大家都这样看，觉得有利于天下吏民，那就按你们说的办吧。"

公元前202年2月28日，刘邦在山东定陶汜水之阳举行登基大典，定国号为汉。即位的同年

6月，刘邦在洛阳的南宫开庆功宴，宴席上，他总结了自己取胜的原因："论运筹帷幄之中，决胜于千里之外，我不如张良；论抚慰百姓供应粮草，我又不如萧何；论领兵百万，决战沙场，百战百胜，我不如韩信。可是，我能做到知人善用，发挥他们的才干，这才是我们取胜的真正原因。至于项羽，他只有范增一个人可用，但又对他猜疑，这是他最后失败的原因。"刘邦的总结确实说对了，战争的胜败，人的因素总是最重要的。

后来，刘邦定都长安是因为一个叫娄敬（后被赐姓刘，又称刘敬）的士卒的提醒。娄敬从山东赶来见刘邦，说刘邦得天下和先前的周朝不一样，所以不应该像周朝那样以洛阳为都城，应该到关中定都，这样便可以在秦地固守险地，国家才能长治久安。张良同意娄敬的建议，他说关中是"金城千里，天府之国"，退可守，攻可出。刘邦听了表示同意，于是很快将都城迁到了长安。

## 打击诸侯　巩固皇权

刘邦虽然做了皇帝，但他也没有敢对自己的皇位掉以轻心。他在设盛宴招待英布等大臣时，曾经对在场的父亲刘太公夸耀说："原先您老经常说我没有赖以生存的赚钱之道（始大人常以臣无赖，不能治产业，不如仲力。今某之业所就孰与仲多？"无赖"，即不会赚钱养家，许慎曰'赖，利也'。"无赖"，即无利入於家也），没有二哥能理家治业。如今我做了皇帝，您看现在是二哥的财富多，还是我的财富多呢？"不过在享受的同时他也采取措施对皇权进行了巩固。

第一个让他不放心的就是在各地的异姓

王。他们都有兵将，有的还有三心二意。第二个问题就是其他将领，为功劳大小和赏赐的多少争斗不止，如果安抚不当，就会投奔那些异姓王作乱。还有原先六国的后代也不能掉以轻心。在中央，丞相的权力对他这个皇帝也构成了威胁。刘邦从做了皇帝，到最后病死，中间有八年时间，基本上都用在了解决这些让他不放心的问题。他先收拾的是韩信。在公元前201年，即高祖六年，有人告发韩信谋反。刘邦问怎么办，大家说发兵讨伐。但陈平却反对，他说楚国兵精粮足，韩信又善于用兵，发兵很难取胜。他建议刘邦以巡游云梦为借口，让各诸侯王都到陈县（现在河南淮阳），到那时韩信一定会来，然后再抓他问罪。刘邦依计行事，果然将韩信抓住了。韩信听到对他的指控，大声喊冤："古人说的果然不错：'狡兔死，走狗烹；飞鸟尽，良弓藏；敌国破，谋臣亡。'现在天下已经平定，我这样的人也早就该烹杀了。"刘邦将韩信押到了洛阳，但又没有明确的证据，便释放了他，但降成了淮阴侯。这使韩信怀恨在心。第二年，韩信谋划让陈豨在外地反叛，使刘邦亲

自前去平叛，然后自己在都城袭击太子和吕后。但还是事情败露。吕后采用了萧何的主意，将韩信诱骗入宫抓捕，最后被斩于长乐宫钟室，留下一个"成也萧何，败也萧何"的成语。除了韩信，其他诸侯王如彭越等人也被消灭，只剩下了长沙王吴芮。

对于其他将领，刘邦也颇费心机。开始，刘邦先是分封了萧何等二十余人官职，但众将领因为互不服气，争功不止，刘邦就没有封官。一次，在洛阳南宫，刘邦看见众将坐在沙地上不知在说什么，问身边的张良怎么回事，张良说他们在谋反。刘邦问为什么，张良说怕他以后不

会封他们高官。刘邦又问怎么办,张良就问他最恨的人是谁,刘邦说是雍齿,因为他虽然功劳多,但太张狂,自己曾经想将他杀掉。张良听了就让他封雍齿为侯,这样,大家就觉得被刘邦记恨的雍齿都能受封,他们就更不用着急了。于是,刘邦大摆庆功宴,封雍齿为什方侯,还当场命丞相和御史抓紧时间草拟论功行赏分封的名单。张良的计策果然奏效,众将的心都安定了。

对于六国的后裔,刘邦则将他们和地方的名门望族共十几万人全部迁到关中居住,置于中央控制之下,消除了后顾之忧。

关于丞相的过大权力,刘邦通过把萧何下狱来打击削弱相权。在刘邦平定了黥布叛乱回到长安后,萧何提议把上林苑开放,让百姓去耕种,因为上林苑基本上已经荒芜,并不是养兽供皇帝狩猎的地方。刘邦一听就恼了,硬说萧何拿了商人的贿赂,所以才替他们说话,借百姓之名为商人牟利。刘邦将萧何关进了监狱,几天后,有大臣问丞相犯了什么罪,刘邦却为自己狡辩说:"原先李斯做秦国的丞相,凡是功劳都归始皇,不好的事都由自己承担。但现在丞相萧何却接受了商人的贿赂,替他们求我开放上林苑,刁买人心。因此要治他的罪。"通过打击元老功臣萧何,刘邦在削弱相权的同时将皇帝的权力提高了。

在巩固强化皇权方面,刘邦也是想尽了办法,一是通过尊父亲太公为太上皇,二是通过对季布和丁公的处理。这两件事最终达到了他的目的。

在经历了春秋和战国长期的混乱之后,又经历了短期的秦朝统治,再加上秦末战争,这使得人们心中没有忠君的观念,还保持着战国以来就形成的"士无常君,国无定臣"的思想,这不利于皇权的巩固。刘邦通过尊重父亲来教育大臣和百姓遵循礼

法，尊重长辈，效忠君主。

刘邦和父亲刘太公在一起住，为了向大家表示他孝顺，每五天就去拜见一次。太公觉得没什么，也习惯了。但太公的属官却觉得不合适，就劝他说："俗话说，天无二日，地无二主，当今皇帝是您的儿子，但他也是人主。您虽是他的父亲，但也是他的大臣。让他这个主人拜见您这个大臣，不合礼仪。况且这样也显不出皇帝的威严。"等刘邦再拜见父亲时，太公就提前拿着扫帚出门相迎，然后倒退着进屋，不给刘邦行礼机会。刘邦很吃惊，跳下车去搀扶父亲，太公赶忙说："皇帝贵为人主，不能因为我一个人破坏了国家的礼法。"刘邦便下诏书，尊太公为太上皇，这样一举两得，不但明示了皇帝的尊严，他也可以顺理成章地拜见父亲了。刘邦很崇尚孝道，称帝后将父亲刘执嘉接到皇宫居住，封父亲为太上皇。太上皇在皇宫生活日久了就终日闷闷不乐，刘邦忐忑不安，私下问太上皇侍从，侍从回答说："太上皇以前在家乡丰邑城生活时每天都和邻居亲朋在一起以踢球、斗鸡、喝酒为乐，现在没有人能陪太上皇，因此才闷闷不乐。"于是刘邦在皇宫附近为父亲盖起一座新丰城，又将丰县部分亲朋邻居迁来居住。新丰城街巷布局跟家乡丰邑城一模一样，连迁来的相邻老幼和鸡犬都能认得各自的居所。

第二件事是对季布和丁公的处理。在刘邦和项羽争天下时，他们俩都是项羽手下的大将。季布领兵几次将刘邦打败，丁公也领兵追击过刘邦，但最后放过了他。刘邦做皇帝后，记恨季布打败过自己，就把他抓了起来。但想到自己也需要他这样的忠臣来辅佐，就不再记仇，不但放了他，还封

为郎中。丁公是季布的舅舅，他听说了，就觉得连季布这样给过刘邦难堪的人都能释放做官，他这个曾对刘邦有恩的人就更不用说了。没想到，他却被刘邦抓起来。刘邦对众人说："丁公做项籍的将领时不忠，就是他这种人使项王丧失了天下。"刘邦下令处死了丁公，还在军中示众，警示大家要做忠臣，不要学丁公。

## 文治天下　恢复生产

统一中国建立汉朝之后，刘邦以文治理天下，征用儒生，诏令天下，广泛求贤。

在政治上，刘邦接承秦朝的中央集权制和郡县制，同时废除了秦朝的苛刻法律刑法。刘邦攻入咸阳之时，便立即废除秦朝的苛法。与民约法三章，封存府库，对百姓秋毫无犯，深得民心。在平定天下后，刘邦命萧何参照秦朝法律"取其宜于时者，作律九章"，即"汉律九章"。这是在战国时期李悝所制订的《法经》六篇（盗法、贼法、网法、捕法、杂法、具法）基础上补充了户律（户口管理、婚姻制度和赋税征收）、兴律（主要规定征发徭役、城防守备）和厩律（主要规定牛马畜牧和驿传方面），一般所说的汉律就是指《九章律》。刘邦重用叔孙通整理朝纲，叔孙通制定了一套适合当时形势需要的政治礼仪制度，撰写了《汉仪十二篇》《汉礼度》《律令傍章十八篇》等仪法法

> ### 汉高祖的贡献
> 刘邦高瞻远瞩、深谋远虑，他的政治制度和对后世的安排使大汉成为长达四百余年的中国历史上最长的统一王朝。他的一套政治体制和经济制度为后世统治者所沿用刘邦开创的大汉帝国可以说是中国历史上最强盛的朝代，令后世国人景仰与怀念，他本身也另后世众多的人所怀念歌颂。

令方面的专著，为汉朝的建立和巩固起了重要作用，也为后人留下了一笔宝贵的文化遗产。

在法律思想上，以儒家思想为主，以法家思想为辅，取消秦朝"严刑峻罚"的做法，废除连坐法及夷三族，提出了"德主刑辅"。即以教化为主，刑罚为辅，达到宽柔相济，严松相当的统治效果。

在经济上，刘邦废除秦朝苛法、豁免其徭役减轻人民的负担，如减轻田租，什五税一，"与民休息"，释放奴婢，凡民以饥饿自卖为奴婢者，皆免为庶人，解放生产力，"兵皆罢归家""以功劳行田宅"让士兵复员归家，给予他们土地及住宅，使他们从事生产劳作，迅速恢复提高国民经济。同时鼓励生育，扩大劳动力。同时大力发展农业，抑制打击唯利是图的商人及残余的奴隶主阶级。刘邦还接受娄敬的强干弱枝的建议，把关东六国的强宗大族和豪杰名家10余万口迁徙到关中定居。刘邦使百姓得以生息，民心得以凝聚，国家得以巩固。

在发展文化事业方面，刘邦建立规模宏大的"国家图书馆"天禄阁、石渠阁等。"天下既定，命萧何次律令，韩信申军法，张苍定章程，叔孙通制礼仪，陆贾造《新语》。又与功臣剖符作誓，丹书铁契，金匮石室，藏之宗庙。虽日不暇给，规摹弘远矣。"刘邦采取的宽松无为的政策，不仅安抚了人民、凝聚了中华，也促成了汉代雍容大度的文化基础。可以说刘邦使四分五裂的中国真正的统一起来，而且还逐渐把分崩离析的民心凝集起来。他对汉民族的形成、中国的统一强大，汉文化的保护发扬有决定性的贡献。

到高祖刘邦末年时，经济已经明显好转，天下新定，人民小安，未可复兴兵。刘邦是中国历史上少有的杰出政治家，是真正统一中国的人，可以说他是汉始皇，创造汉民族的人。他在汉初制定的英明国政，不仅使饱受战乱的中国得以休养生息，还开创了以后"文景之治"的富裕与奠定了汉武反击匈奴的坚实基础。

## 重祠敬祭　尊习孔教

汉二年刘邦的《重祠诏》云："吾甚重祠而敬祭。今上帝之祭，及山川诸

神当祠者,各以其时礼祠之如故。"刘邦认为"天子尊事天地,修祀山川,古今通礼。"《礼记·祭法》指出:"夫祭者,非物自外至者也,自中出生于心者也。心怵而奉之以礼,是故唯贤者能尽祭之义",深刻揭示了祭祀活动的本质。祭祀活动本身体现了对逝者的追思和生者的希冀。具体来讲,祭祀的目的主要是弭灾、求福、报谢。祭祀就是按着一定的仪式,向神灵致敬和献礼,以恭敬的动作膜拜它,请它帮助人们达成靠人力难以实现的愿望。

刘邦被父老乡亲立为沛公后,就知道"祠黄帝,祭蚩尤于沛庭。"《史记·外戚世家》记载:"夏之兴也以涂山",涂山是夏兴之地,祭祀活动自古有之。汉高祖刘邦过涂山,"命立禹庙以镇涂山",从此,历代官府和黎民百姓便有了祭祀大禹之所——涂山禹王庙。有庙而发展为有祭祀大禹诞辰的农历六月六涂山禹王庙会。由一年一祭的庙会又发展为一年三祭大禹的农历三月二十八日(禹会诸侯会期)、六月六日(禹诞辰)、九月九日(登高怀古、庆祝丰收)的三次庙会。

汉高祖刘邦于十二年(前195)十二月自淮南还,过鲁,以太牢(猪、牛、羊三牲各一)祭祀孔子。刘邦在回京师长安的路上,专程到曲阜以隆重的"太牢"礼仪祭孔,刘邦是中国历史上第一个亲临孔庙祭孔的君主,开了帝王祭孔的先例。另一方面也说明了统治者掌握政权后,儒学的价值在社会的变革中得以充分体现。

据《长安县志·王曲城隍庙会》记载:"相传楚汉荥阳之战中,汉将纪信假扮成汉王,解救刘邦出围,致被项羽烧死。刘邦得天下后,封纪信为十三省总城隍,在长安王曲建庙立祠,

每年农历二月初八祭祀,后遂成庙会。"汉代纪信救刘邦的故事在《史记·项羽本纪》和《汉书·高帝纪第一上》及地方相关资料上均有叙述。刘邦称帝后,厚赏、追封纪信,并赐黄袍加身,择上林苑(今王曲镇)修建大型庙堂并祭祀,每年农历二月初八祭祀,后遂成庙会。据传文景二帝时期,为了顺应民心、强化统治,遂将供奉的纪信封为城隍神,成为长安城的保护神。

# 第四节　汉高祖后世

为了皇权的巩固,刘邦费尽心机。本来他年龄就大,在平定英布叛乱时又中了箭伤,到了长安病情加重。吕后找来名医,刘邦问他病情,医生说能治,刘邦一听口气,就知道不会好了,气得大骂医生:"以布衣提三尺剑取天下,此非天命乎?命乃在天,虽扁鹊何益!"说完赏赐给医生五十金打发他走了。吕后看着弥留中的刘邦,问他死后人事的安排:"萧相国死后,由谁来接替呢?"刘邦说曹参。吕后问曹参之后是谁,刘邦说:"王陵可以在曹参之后接任,但王陵智谋不足,可以由陈平辅佐。陈平虽然有智谋,但不能决断大事。周勃虽然不擅言谈,但为人忠厚,日后安定刘氏江山肯定是他,用他做太尉吧。"吕后又追问以后怎么办,刘邦有气无力地说:"以后的事你不会知道了。"

刘邦驾崩于公元前195年,即高祖十二年的四月二十五日(6月1日),享年六十二岁,葬于长陵,谥号为高皇帝,庙号是太祖。他开创的汉朝奠定了中国封建社会的主要文化,即儒家思想影响下的文化制度。在南北朝时期,印度佛教的传入,对儒家文化又

汉高祖刘邦

产生了影响,了解汉朝的政治和文化制度,有助于我们理解中国古代的文化。

# 第五节　汉高祖末年时期

## 陵　寝

刘邦死后,群臣建议庙号为太祖,尊号高皇帝,也就是谥号为高皇帝。葬于长陵。也称高祖。长陵,位于西安市中心以北约20公里、咸阳市以东约20公里的窑店镇三义村北。1988年,国务院将其列为全国重点文物保护单位。长陵又名"长山",是汉高祖刘邦与皇后吕雉(吕后)的陵墓。

长陵的陵址,选在咸阳原的最高点,即秦咸阳宫的旧址之上,远望就像是山峰兀立,气势雄伟。南与未央宫隔河相望,北倚九山,泾渭二水横贯陵区。在此可俯瞰长安胜景,自古以来就是关中著名的枢纽要地。1970年—1976年,陕西省文物管理委员会对长陵进行了全面的勘查,发现了大量的实物遗存。长陵是汉高祖刘邦和皇后吕雉的合葬陵墓,陵园遗址至今尚存。陵园的平面呈长方形,南北长1000米,东西宽900米,西墙的正中发现了一座宽23米的城门遗址。西城墙的地面上至今还保留着一条长600米、宽6米、高3米的夯土遗迹。陵冢位于陵园的南部,高祖陵在西,吕后陵在东,相距约250米左右。高祖的陵冢呈长方形覆斗状,高32米。在陵园的西北角、西南角、东

南角和沿南墙一带有六处大型的寝殿遗址。

长陵以东是陪葬墓区,绵延达15里。根据史书的记载,萧何、曹参、张耳、田蚡、周勃父子等功臣贵戚大都陪葬于此,唐代诗人唐彦谦有诗云:"长陵高阙此安刘,祔葬累累尽列侯",这些累累连绵的坟冢,从某种角度再现了汉初文治武功的盛况。在长陵附近曾出土有"长陵东当"、长陵西当"篆文的瓦当,1968年在长陵附近出土一颗有"皇后之玺"篆文的螭虎纽白玉印,可能是吕后之印。长陵为陕西省重点文物保护单位。长陵"东西广百二十步,高十三丈,在渭水北,去长安三十五里"。现在测底部东西长153米,南北宽135米,顶部东西55米,南北35米,高32.8米,与史籍记载相近。长陵亦称"长山"或"长陵山"。取名"长陵"或因与所在地古称"长平"或"长平阪"有关。也有人认为"长陵"是以西汉都城"长安"的第一个字命名的。

## 庙号与谥号

刘邦死后,群臣议定的庙号是"太祖",谥号是"高皇帝",正式的全称为"汉太祖高皇帝",简称庙号应该是"汉太祖",简称谥号则是"汉高帝",而不是人们习惯称呼的"汉高祖"。《史记·卷八高祖本纪第八》曰:"丙寅,葬。己巳,立太子,至太上皇庙。群臣皆曰:高祖起微细,拨乱世反之正,平定天下,为汉太祖,功最高。上尊号为高皇帝。太子袭号为皇帝,孝惠帝也。令郡国诸侯各立高祖庙,以岁时祠。"《汉书·卷一下高帝纪第一下》文字相

同，只是恐引起歧义，将《史记》中的"高祖"换为"帝"。司马迁《史记》作"高祖本纪"，首称刘邦为"高祖"。盖司马氏为汉世宗孝武皇帝时人，孝武皇帝之皇考为孝景皇帝，孝景皇帝皇考为太宗孝文皇帝，孝文皇帝皇考即是太祖高皇帝，对武帝而言，高皇帝是自己的曾祖父。

> **楚败汉胜的原因**
>
> 刘邦以布衣之身提三尺剑而取得天下建立大汉基业，这是为何？这是因为百折不挠、越挫越勇的刘邦知道如何处理人际关系，其成功在于"能斗智时决不斗力"且情商高的刘邦知人善任具有高超的用人、驭人的领导能力即帝王权术。汉皇千古一英雄，休笑当年马上功。试问后来为帝者，谁人曾出范围中。楚强汉弱，可是战争的结局是楚败汉胜。

按《尔雅》："曾祖王父之考，为高祖王父"，照理讲，汉武帝要称呼太上皇（高帝之父）为高祖，但是《尔雅》上文郭注曰："高者，言在最上。"《释名》云："高祖，高，皋也，最在上皋，韬诸下也。"《潜邱札记》云："曾祖之父为高祖，然自是以上，亦通谓之高祖。"《周书·康王之诰》："无坏我高祖寡命"，高祖指文王、武王，这是以曾祖父、祖父称"高祖"。因为周文王、武王是肇基建之王，功高至伟，所以称高祖，是最上之尊称。同样，汉武帝称曾祖父高帝为"高祖"亦是此意，是后世子孙对于先祖的至高称呼，司马氏应该是使用当时汉朝对高皇帝的尊称，以刘邦为"高祖"。

# 第六节　对汉高祖的评价

## 成功原因

究其原因，历代的学者各有评述，意见不尽一致。学者普遍认为主要原因有四：(一)、对待生命认识不同。(二)、政治天分与政治主张不同。(三)、战略、策略不同。(四)、用人态度不同。

# 第七节　诸项第一

1．刘邦是中国历史上第一位由平民登上帝位的皇帝。2．刘邦是中国历史上第一位御驾亲征而统一天下的皇帝。3．刘邦是中国历史上第一位发明"招降纳叛"和"统一战线"军事战略战术的皇帝。4．刘邦是中国历史上第一位以"休养生息"为国策从而在全国大力发展经济的皇帝。5．刘邦是中国历史上第一位"释放奴婢"从而一定程度上打击奴隶制度、解放生产力的皇帝。6．刘邦是中国历史上第一位在全国范围内实行"轻徭薄赋"政策、实行"十五税一"低税率的皇帝。7．刘邦是中国历史上第一位推行"量吏禄，度官用，以赋于民"的财政支出紧缩政策而提倡节俭的皇帝。8．刘邦是中国历史上第一位制定礼仪从而巩固皇权的皇帝。9．刘邦是中国历史上第一位下"求贤诏"在全天下广招贤士人才的皇帝。10．刘邦是中国历史上第一位写诗的皇帝，其诗作——《大风歌》被誉为"千古人主第一词"。11．刘邦是中国历史上第一位祭祀孔子并重用儒士的皇帝，从而为汉朝及后世以儒家文化为主体思想治国奠定了基础。12．刘邦是中国历史上第一位以孝治理天下的皇帝。13．刘邦是中国历史上第一位刘姓皇帝。14．刘邦是中国历史上第一位用布衣将相统一天下的皇帝。15．刘邦是中国历史上第一位使用分封制和郡县制并存的皇帝。

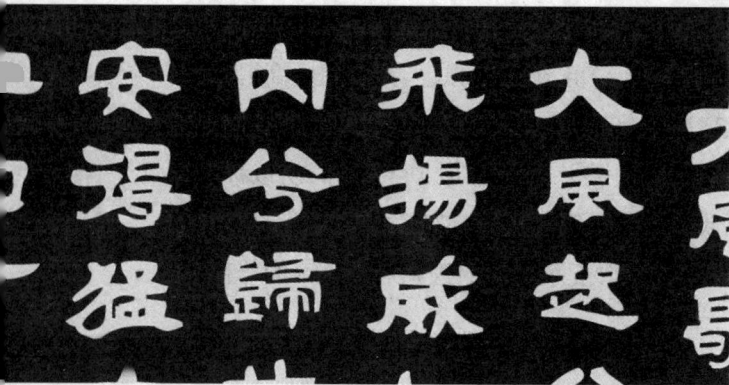

# 第八节　刘邦之最

　　刘邦是封建皇帝里面最厉害的一个。刘邦是中国历史上最会用人的皇帝，知人善任，用人不疑，他开创了中国历史上最长的统一王朝，所创立的汉朝统一长达400余年，刘邦作为汉唐盛世之一的大汉盛世的肇基者，其伟大历史功绩为后世所称颂与敬仰。

　　刘邦是汉族族名的开创者，是汉文化的开拓者之一和汉文化的保护者，他结束了从夏朝到战国近千年中国奴隶分封制的状态，从而开创了真正的统一时代。他结束了从周朝东迁到秦朝570多年天下纷乱不止和统治者横征暴敛的历史局面，从而开创了一个休养生息、发展经济的低税率时代。

　　他结束了秦朝摧残文化打压言论的暴政，开创了雍容大度的政治局面和多元的兼容并包的文化格局。他一统中华，从而开创了具有400多年中国历史上最长的统一王朝，汉也成为整个民族的代称，汉朝成为当时世界上最强大最发达的国家之一，汉唐盛世也成为中华民族发展史上最骄傲的时代。

　　他由平民登上帝位，开创了中国历史上"布衣将相"的局面，结束了"血统贵贱论"，印证了"王侯将相宁有种乎"的诘问，成为激励着平凡的人特别是下层人士积极奋斗从而不断走向成功的光辉典范。

## 西汉的分封制

　　西汉初年，统治者继续采用秦朝中央集权制度。为巩固统治，刘邦分封同姓子弟为王，在各地建立王国，在地方形成郡国并行的局面。这些王国相对独立，掌握行政、财政、军事等大权。随着王国实力的增强，逐渐威胁中央对地方的控制，严重影响中央集权的巩固，由此产生西汉初年的"王国问题"。这些王国相对独立，掌握行政、财政、军事等大权。随着王国实力的增强，逐渐威胁中央对地方的控制，严重影响中央集权的巩固，由此产生西汉初年的"王国问题"。到了汉景帝时期，景帝接受晁错的建议，实行"削藩"，就爆发了历史上著名的"七国之乱"，最后，叛乱平息这才把王国官吏的任免权收归中央，加强了中央对王国的控制。又到了汉武帝时期，推行"推恩令"、附益之法，从根本上解除了王国对中央的威胁，是西汉解决王国问题最关键的步骤。随之又夺去大批王侯的爵位，王国问题至此得到根本解决。

刘邦是中国历史上第一位休养生息、发展经济的皇帝。他统一中国后,通过消灭异姓王、迁徙六国强族到都城周边加以控制,彻底结束了从商周到战国近千年中国奴隶分封制的状态。他制定休养生息政策,结束了自公元前771年周朝东迁以来到秦朝570多年天下纷乱和统治者横征暴敛的历史。

# 第九节　后世对其评价

## 中国历代评价

**班固**　《春秋》晋史蔡墨有言:陶唐氏既衰,其后有刘累,学扰龙,事孔甲,范氏其后也。而大夫范宣子亦曰:"祖自虞以上为陶唐氏,在夏为御龙氏,在商为豕韦氏,在周为唐杜氏,晋主夏盟为范氏。"范氏为晋士师,鲁文公世奔秦。后归于晋,其处者为刘氏。刘向云战国时刘氏自秦获于魏。秦灭魏,迁大梁,都于丰(今江苏丰县),故周市说雍齿曰:"丰,故梁徙也。"是以颂高祖云:"汉帝本系,出自唐帝。降及于周,在秦作刘。涉魏而东,遂为丰公。"丰公,盖太上皇父。其迁日浅,坟墓在丰焉。及高祖即位,置祠祀官,则有秦、晋、梁、荆之巫,世祠天地,缀之以祀,岂不信哉!由是推之,汉承尧运,德祚已盛,断蛇著符,旗帜上赤,协于火德,自然之应,得天统矣。

——《汉书》

**司马贞**　高祖初起,始自徒中。言从泗上,即号沛公。啸命豪杰,奋发材雄。彤云郁砀,素灵告丰。龙变星聚,蛇分径空。项氏主命,负约弃功。王我巴蜀,素愤于衷。三秦既北,五兵遂东。汜水即位,咸阳筑宫。威加四海,还歌大风。

——《史记索隐》

**毛泽东**　刘邦是在封建时代被历史学家称为"豁达大度,从谏如流"的英雄人物。刘邦同项羽打了好几年仗,结果刘邦胜了,项羽败了,不是偶

然的。刘邦能够打败项羽,是因为刘邦和贵族出身的项羽不同,比较熟悉社会生活,了解人民心理。汉高祖刘邦比西楚霸王项羽强,他得天下一因决策对头,二因用人得当。

——《毛泽东评点古今人物》

## 西方学者的评价

英国著名历史学家约瑟·汤恩比评论说:"人类历史上最有远见、对后世影响最大的两位政治人物,一位是开创罗马帝国的恺撒,另一位便是创建大汉文明的汉太祖刘邦。恺撒未能目睹罗马帝国的建立以及文明的兴起,便不幸遇刺身亡,而刘邦却亲手缔造了一个昌盛的时期,并以其极富远见的领导才能,为人类历史开创了新纪元!"

汤恩比与日本学者池田大作探讨历史时说:"从两千年来保持统一的历史经验来看,中国人有资格成为实现统一世界的新主轴。你这一说法,在考虑今后世界问题时,具有极为重要的启示。汉高祖刘邦对中国的重新统一,作为历史功绩,是应该给以高度评价的。"他说:"如果我推测没有错误,估计世界的统一将在和平中实现。这正是原子时代唯一可行的道路。但是,虽说是中华民族,也不是在任何时代都是和平的。战国时代和古希腊及近代欧洲一样,也有过分裂和抗争。然而到汉朝以后,就放弃了战国时代的好战精神。

### 中国象棋中"楚河汉界"的来历

在中国象棋的棋盘中间,常有一区空隙,上写有"楚河"、"汉界"字样,作为红方和黑方的分界线。这是以下棋比喻历史上西楚霸王项羽与汉高祖刘邦之间的一场楚汉相争。

《史记》记载" 鸿沟而西者为汉,鸿沟而东者为楚 "。"楚河汉界"在古代的荥(xing)阳(属郑州)成皋一带,该地北临黄河,西依邙山,东连平原,南接嵩山,是历代兵家兴师动众的战场。公元前203年,刘邦出兵攻打楚国,项羽粮缺兵乏,被迫提出了"中分天下,割鸿沟以西为汉,以东为楚"的要求,从此就有了楚河汉界的说法。特别令人注目的是" 中分天下 ",形成了象棋棋盘上" 楚河汉界 "中间的划分!

河南荥阳是中国象棋的策源地。2200多年前,楚霸王项羽和汉王刘邦以荥阳为主战场,展开了长达4年的攻伐激战,并以荥阳的鸿沟为界,中分天下,成为中国历史长河中最为精彩的片段之一。黯淡了刀光剑影,远去了鼓角争鸣,当战争的硝烟在历史的长河中渐渐消散,楚河汉界却永远定格在了中国象棋棋盘上,昭示着荥阳在中国象棋发展史上的特殊地位。

## 沛县的历史文化

沛县是汉高祖刘邦故里，明太祖朱元璋祖籍地，素有"千古龙飞地，帝王将相乡"之美誉。作为汉文化的发祥地，沛县文化遗产丰富，名胜古迹众多，泗水亭、歌风台、高祖原庙、射戟台等历史景点驰名中外。较高价值的文物藏品2000多件，其中大风歌碑、汉化石像、汉代陶器等均为国家稀有文物。沛县民风淳厚刚毅，崇文尚武，是全国著名的武术之乡、唢呐之乡。

作为历史文化名城，沛县文物古迹众多。县博物馆珍藏文物两千多件，有原始人打磨的石器，又春秋战国时代的陶器，有汉画像石。沛县被列入省、市、县文物保护单位的有汉代大风歌碑、汉代范氏井、秦代琉璃井、汉代吕母冢、栖山汉墓群、汉代泗水亭、汉代吕布射戟台、明代张贞观墓、明遗民阎古古墓、清代晓明寺中西合璧建筑群等。

汉朝开国皇帝刘邦重新完成中国的统一是远在公元前202年。在这以前，秦始皇的政治统一是靠武力完成的。因此在他死后出现了地方的国家主义复辟这样的反动。汉朝刘邦把中国人的民族感情的平衡，从地方的分权主义持久地引向了世界主义。和秦始皇带有蛊惑和专制的言行相反，他巧妙地运用了处世才能完成了这项事业。"

"将来统一世界的人，就要像中国这位第二个取得更大的成功的统治者一样，要具有世界主义思想。同时也要有达到最终目的所需的才干。世界统一是避免人类集体自杀之路。在这点上，现在具有最充分准备的，是两千年来培育了独特思维方法的中华民族。不是在半个世界，而是在人们能够居住或交往的整个地球。必定要实现统一的未来政治家的原始楷模是汉朝的刘邦。"他对未来的展望时说："将来统一世界的人，就要像中国这位第二个取得更大成功的统一者一样，要具有世界主义思想……在人们能够居住或交往的整个地球，一定要实现统一的未来政治家的原始楷模就是汉朝的刘邦。"(摘自《展望二十一世纪——汤恩比和池田大作对话录》)"

# 第十节　汉朝时期的文化作品

## 大风歌

**原文**　大风起兮云飞扬，威加海内兮归故乡。安得猛士兮守四方！

**注释** ①刘邦平黥布还,过沛县,邀集故人饮酒。酒酣时刘邦击筑,同时唱了这首歌。汉朝人称这篇歌辞为《三侯之章》,后人题为《大风歌》(始于《艺文类聚》)。②"海内",四海之内,就是"天下"的意思。中国古人认为天下是一片大陆,四周大海环绕,海外则荒不可知。

**赏析** 汉高祖刘邦的《大风歌》,抒发了他在战胜项羽,成为汉朝开国皇帝之后的那种既感怀兴奋欢乐、踌躇满志,又忧江山不稳、高处不胜寒的复杂心情。情发于心中、流于诗外,慷慨悲壮,流韵千古。纵观开国之君,虽大多不擅长诗词文章,但偶一为之,便自有一番常人难以企及的恢宏气势。

## 鸿鹄歌

**原文** 鸿鹄高飞,一举千里。羽翮已就,横绝四海。横绝四海,又可奈何? 虽有矰缴,尚安所施?

**注释** 鸿鹄,hóng hú古代对天鹅的称呼,又名鹄、鸿、鹤、白鸿鹤、黄鹄、黄鹤等,因其飞得高,跋涉千里而常被人们用来形容志向远大的人。"燕雀焉知鸿鹄之志哉?"出自《史记》中《陈涉世家》,是中国历史上第一次农民起义的发起者陈胜在未起义前,在农村被人雇用去务农时对农友说的话,现已简化成常用成语"鸿鹄之志",用来形容远大的志向。(矰,zēng古代射鸟用的一种拴着丝绳的箭。)矰(缯)缴zēng zhuó。1.猎取飞鸟的射具。缴为系在短箭上的丝绳。

缯，通"矰"。五代马缟《中华古今注·雁》："雁自河北渡江南，瘠瘦能高飞，不畏缯缴。"明方孝孺《二禽咏》："文彩羡孔鸾，缯缴或暗投。"庞成宇《东园杂咏》："饮啄力以致，缯缴安所施？" 2.比喻陷害他人的手段。清缪慧远《有感》诗："惊心南国添缯缴，解网还邀圣主恩。"

**赏析** 刘邦自沛县起义，十几年鞍马劳顿，还受过箭伤，50多岁以后，身体健康每况愈下，常为江山社稷忧虑，尤其对接班人人选问题伤脑筋。"鸿鹄高飞，一举千里。"用天空的大雁比喻太子刘盈。确立刘盈为太子，是公元前202年刘邦称帝时的事。刘盈在战乱之中数次被刘邦抛弃，饱受折磨，性格不免悲观懦弱，刘邦担心他难以继承皇位。赵王刘如意是刘邦的新欢戚夫人所生，性格开朗、贪玩爱闹，刘邦很喜欢他，认为他很象自己。但是，刘盈是"嫡出"，皇后吕雉所生。刘如意是"庶出"，妃子戚夫人所生。废嫡立庶，是件大事；况且，吕雉又是他的元配，曾经患难与共，他一时委决不下，多次征求亲近大臣的意见。但是，大臣中多数是刘邦的故交，和吕雉也有情面；而戚夫人，除了皇帝的恩宠以外，绝没有吕后那样的"群众基础"。

所以，包括留侯张良在内的一班老臣，都劝刘邦不要免去刘盈的太子地位，其中最典型的就是周昌。周昌其人口吃，在朝堂上与刘邦争论此事时怒道："臣口不能言，然臣期、期知其不可；陛下虽欲废太子，臣期、期不奉诏"（臣嘴说不清楚，但是臣就、就是知道这么着不行；陛下如果想要废了太子，臣就、就是不听你的命令）。此为成语"期期艾艾"之出处（艾艾指三国时邓艾的典故）。刘邦看到大臣们拥戴刘盈之态度如此坚决废太子之心不禁犹豫起来。

"羽翼已就，横绝四海。"说的还是刘盈。彻底打消刘邦废太子之心的乃是一条诡计：吕雉知道了刘邦的心思，暗暗心焦。她更知道"母以子贵"的道理，谁的儿子做皇帝，生母就是皇太后，无上尊贵。于是她不遗余力地进行了频繁的幕后活动，求助于各位大臣，甚至不惜屈尊下跪，求张良

> **商山四皓**
> 商山四皓指的是东园公、甪里先生、绮里季和夏黄公。这四位是顶尖的世外高人，人称"四皓"，即四位老者（皓者，白也，此以须发之色代指年纪。"青春作赋，皓首穷经"）。

帮助。最后，她就按张良的主意，让刘盈放下身段去结交当时的四大名士"商山四皓"。张良就让四个老头儿当太子的老师。刘邦对待儒士的态度十分恶劣，"四皓"因此拒绝刘邦的邀请，不肯出山做官，如今却侍立在刘盈身旁，使

刘邦误以为刘盈有才能，可孚众望。刘邦召来戚夫人，指着四个老头儿说，"我欲易之，彼四人辅之，羽翼已成，难动矣。吕后真而主矣。"戚夫人泣，上曰："为我楚舞，吾为若楚歌。"歌曰：鸿鹄高飞，一举千里。羽翮已就，横绝四海。横绝四海，当可奈何！虽有矰缴，尚安所施！歌数阕，戚夫人嘘唏流涕，上榻去，罢酒。《史记·留侯世家》）"横绝四海，又可奈何？虽有矰缴，尚安所施？"刘邦面对戚夫人的哭泣，表达出自己爱莫能助、无可奈何的心情。刘邦病重以后，自知大限不远，曾又一次和大臣们提到接班人问题。大臣们除了陈说利害以外，都对刘盈极口称赞，使刘邦最终打消了改立太子的念头。当他把这一情况告知戚夫人时，戚夫人十分悲伤，泣不成声。刘邦宽慰她说："为我楚舞，吾为若楚歌。"《鸿鹄歌》，就是这样一首忧心忡忡、情意绵绵的歌。

# 第十一节 家 族

刘氏起源于三皇五帝之尧帝，尧帝长子监明受封于"刘"邑（今河北省唐县），监明早亡，其子式继封，遂以邑为氏也，传至夏朝有刘累，下传至士会适秦，归晋，有子留于秦，恢复刘氏，之后在战国时获于魏，遂为魏大夫，魏国从安邑迁都大梁，刘清（刘邦的曾祖父）出生，清生仁，刘仁迁丰邑，刘家即在此期间迁丰邑。

**曾祖父：**刘清，战国末期魏国大夫，出生并活动于魏都大梁，之后其子

刘仁迁丰邑中阳里,现丰县汉皇祖陵保存刘清之墓。

**祖父**:刘仁,始迁丰邑,故号丰公。

**父亲**:刘煓,字执嘉,即刘太公,刘邦登基后尊为太上皇,崩于公元前197年。

**生母**:温氏,一说王含始,被追谥为昭灵夫人(昭灵后)。

**庶母**:李氏,太上皇庶妻,封太上皇后,逝于公元前197年;生楚元王刘交。

**兄弟**:刘伯,刘邦大哥,汉五年正月,追尊为武哀侯,高后时,追尊为武哀王。长嫂封阴安侯。刘仲,名喜,刘邦二哥,被刘邦封为代王,统辖今河北、山西一带,后因抵抗匈奴战败被革为合阳侯,死后追谥为代顷王。二嫂为顷王后。刘交,刘邦弟弟,排行第四,被刘邦封为楚王,死后谥元王。

**从父兄**:荆王刘贾。

**从祖弟**:燕王刘泽。(应该是远房兄弟,现已无稽可考)

**姊**:宣夫人(昭哀后)·

**妻子**:曹夫人(外妇)、吕皇后、戚夫人、薄姬、赵姬、管夫人、赵子儿、石美人(石奋之姊),共生八子:1刘肥、2刘盈、3刘如意、4刘恒、5刘恢、6刘友、7刘长、8刘建。原配吕雉,公元前187年临朝,称制八年,公元前180年而崩,寿62岁,葬于咸阳东陵。生一子一女:刘盈(即汉孝惠帝);刘乐。曹氏,生一子:刘肥(高祖六年立为齐王,卒谥齐悼惠王)。戚夫人,生一子:如意(汉高祖七年封代王,九年徙为赵王,十五岁被吕氏毒死,谥赵隐王)。薄姬,公元前155年四月崩,葬于霸陵,生一子:刘恒(初封代王,后即帝位为孝文帝)。赵姬,生一子:刘长(公元前196年封淮南王,文帝六年谋反,废徙蜀死,谥淮南厉王)。诸姬所生之子:刘友(初封淮阳王,后改封赵王,被吕后幽禁而死,卒谥赵幽王)、刘恢、刘建(公元前196年,燕王卢绾逃放匈奴,次年被立刘建为燕王,立十五年死,谥曰灵。刘建本有子,吕后使人杀之,绝嗣

---

**赵恭王**

公元前196年高祖诛梁王彭越后立为梁王,16年后,因赵幽王刘友幽死,便被改封为赵王,被迫娶吕产的女儿,而刘恢的宠妃被迫自杀,因此闷闷不乐,公元前181年六月,刘恢殉情自杀。死后废其嗣,文帝时追谥为"赵恭王"。

后,除其国)。女儿:鲁元公主,下嫁张耳之子张敖,母吕后。(刘邦女儿有史可查者只此一人。)

# 第十二节　汉朝时期的成语典故

成语:韩信将兵,多多益善　【出处】:《史记·淮阴侯列传》

成语:项庄舞剑,意在沛公　【出处】:《史记·项羽本纪》:"今者项庄拔剑舞,其意常在沛公也。"

成语:人为刀俎,我为鱼肉　【出处】:《史记·项羽本纪》:"如今人方为刀俎,我为鱼肉。"

成语:约法三章　【出处】:《史记·高祖本纪》:"与父老约,法三章耳:杀人者死,伤人及盗抵罪。"《汉书·刑法志》:"高祖初入关,约法三章。"

成语:一决雌雄　【出处】:《史记·项羽本纪》:"愿与汉王挑战,决雌雄。"

成语:分我杯羹　【出处】:《史记·项羽本纪》:"吾翁即若翁,必欲烹而翁,则幸分我一杯羹。"

成语:筑坛拜将　【出处】:《汉书·高帝纪上》:"汉王齐戒设坛场,拜信(韩信)为大将军,问以计策。"元。王实甫《西厢记·第三本》第一折:"计将安在? 小生当筑坛拜将。"明·冯梦龙《喻世明言·闹阴司司马貌断狱》书中记载:一遇汉祖,筑坛拜将,捧毂推轮,后封王爵以酬其功。

成语:成也萧何　败也萧何　【出处】:司马迁《史记·淮阴侯列传》

成语:明修栈道　暗度陈

## "霸王别姬"的历史典故

楚汉之争,刘邦和项羽进行长达四年的战争。进入后期,项羽丧失了战争主动权,在垓下之围中,项羽面临失败被围的处境,他和身边的虞姬依依惜别,虞姬拔剑自刎,项羽率领少数人马突围到乌江自杀的故事。"霸王别姬"的故事,反映的是虞姬和项羽感天动地的爱情;楚霸王英雄末路,虞姬自刎殉情。这悲情一瞬,已定格在中国文学的字里行间,定格在中国戏曲的舞台上,成为中国古典爱情中最经典、最荡气回肠的灿烂传奇。

仓 【出处】:《史记·高祖本纪》

成语:犬牙交错 【出处】:《汉书·中山靖王传》:"诸侯王自以骨肉至亲,先帝所以广封连城,犬牙相错者,为盘石宗也。"

成语:一败涂地 【出处】:《史记·高祖本纪》:"今置将不善,壹败涂地。"

成语:高阳酒徒 【出处】:《史记·郦食其列传》沛公(刘邦)引兵过陈留,高阳儒生郦食其求见。使者入通,沛公曰:"为我谢之,言我方以天下为事,未暇见儒人也。"使者出以告。郦生瞋目案剑叱使者曰:"走!复入言沛公,吾高阳酒徒也,非儒人也。"遂延入,终受重用。

成语:田横五百士 【出处】:《史记·田儋列传》

# 第五章　草根出身的皇帝——朱元璋

**走近人物**　　洪武，中国明代第一个年号，时间为1368年—1398年，当时在位皇帝为明朝开国皇帝明太祖朱元璋。洪武元年，明朝军队攻占了元朝大都，结束了元朝的统治，明朝洪武年间，实行了较开明的经济政策，鼓励生产发展，在一定程度上提高了低层民众的地位。政治较为严苛，除设立特务机构锦衣卫外，强化了科举制和对官员的控制。

## 第一节　皇帝生平

　　朱元璋（1328—1398），幼名朱重八，改名朱兴宗，字国瑞，明朝的开国皇帝，在位31年。濠州钟离（今安徽省凤阳县）人。出生在一个贫寒的农民之家，少年时曾为地主牧童。元至正四年（1344），朱元璋的家乡遭旱蝗灾害，瘟疫流行，他的父母及兄长都在这场灾难中相继去世。为了糊口，朱元璋投皇觉寺出家当和尚。但不久后的饥荒使得他不得不离开寺院外出化缘，游食于皖西、豫东三年，历经磨难。此次外出对朱元璋的一生产生了重要的影响。

　　此后，朱元璋利用刘福通在北方抗击元军之际，扩充队伍，领兵南下。至正十五年（1355）被小明王韩林儿的宋政权授为左副元帅。至正十六年

## 贫民"皇帝"的英勇起义

时值红巾军大起义爆发,红巾风暴席卷江淮平原。至正十二年(1352),朱元璋投奔了濠州郭子兴的领导的红巾军。由于他的睿智与勇敢,很快成为了郭子兴的心腹,并娶了郭子兴的义女马氏为妻。在郭子兴部下期间,朱元璋不断扩大自己的势力,并掌握了一只真正属于自己的队伍,这使得在郭子兴死后,朱元璋很轻易地就击败了郭子兴的儿子,取得了对整个队伍的控制权。

(1356)朱元璋占领集庆,将集庆改名为应天府(今南京),并被宋政权授为江南行省平章,又自称吴国公。并采纳朱升的建议"高筑墙、广积粮、缓称王"以应天为中心,大力发展生产,为日后争夺天下打下了坚实的基础。

至正二十三年(1363)至二十七年(1367)间,朱元璋先在鄱阳湖彻底击溃比自己强大的陈友谅,自称吴王。后又消灭浙江的张士诚,沉杀韩林儿,全据长江中下游,奄有大江南北。派徐达、常遇春以主力北伐中原。次年(1368)正月,朱元璋在应天称帝,定国号为大明,建年号为"洪武",以应天为都城。同年8月,明军攻克元大都,将元惠宗赶回大漠,元灭亡。此后,朱元璋又用十几年的时间平定了全国。

朱元璋出身贫民,因此对百姓的疾苦记忆犹新。他在位期间采取与民安息的政策,普查户口,清丈土地,建鱼鳞图册,兴修水利,推行屯田,奖励农耕,减免赋税,颁布《大明律》,使疲惫的百姓得以休养生息,有利地推动了社会生产的恢复和发展,使得国家的租税额比元朝增加了三倍之多。

朱元璋亲眼见到了元朝末年的政治腐败、官贪吏残的情形,深恨贪官污吏蠹政害民。在称帝之后,他大力整顿吏治,制定严刑峻法,对贪官污吏的惩治采取了空前绝后的严酷手段。当时法令规定,凡是发现有贪赃害民的官吏,百姓可以直接擒拿送至京师。若是有敢阻挡者,即行灭家灭族。凡是监守自盗仓库钱粮等物者,若赃至六十两银子以上者,一律斩首示众,并处以剥皮之刑。他把府、州、县衙门左面的土地庙作为剥人皮的场所,称为皮场庙。又在官府公座的两侧各悬挂一个塞满草的人皮袋,使办公的官员随时提心吊胆,不敢再犯法。他还采用挑断脚筋、剁手指、砍脚、断手、钩肠、割生殖器等酷刑。

朱元璋称帝三十余年间，先后惩办了不少贪官污吏。如仅在洪武九年（1376），将有罪官吏发往安徽凤阳屯田者，即至万余人。在其所处理的一系列贪污案件中，最为突出的是郭桓案。郭桓官至户部侍郎，征收浙西秋粮贪赃枉法，洪武十八年（1385）事发，结果被追赃粮七百万石，六部左、

> **消除权臣**
>
> 为了朱明王朝世代永继，朱元璋空前加强中央集权。洪武九年（1376），废除行中书省，设置布政使司、提刑按察使司、都指挥使司分管地方民、刑、兵之权；十三年（1380），取消中书省，废除宰相制度，分相权于吏、户、礼、兵、刑、工六部。设都察院监察百官，设锦衣卫等特务机构对朝臣和百姓进行监督，这一系列的措施都使皇权得到大大的加强。

右侍郎以下的官员均被处死，供词牵连到各布政司的官吏，被杀者又有数万人，追赃还牵连到全国许多富户，以致中产之家大抵皆破产。像这样地使用严刑峻法惩治贪官污吏和如此大规模地诛杀贪官污吏，可以说从古以来所未有。朱元璋大张旗鼓地雷厉风行地重惩贪吏，这对于杀减贪风，改良吏治，起到了一定的作用。

朱元璋一方面大力推行中央集权制度，又实行与之相矛盾的政策，即分封诸皇子为王，使其"屏藩皇室"。朱元璋实行分封制度的目的，一是在于加强对北方蒙古的防御，一是为了防止朝中奸臣篡夺皇位。朱元璋规定诸王可以"移文取奸臣，举兵清君侧"。同时为防止诸王跋扈难制，朱元璋又允许以后皇帝在必要时可以下令"削藩"。从而为后来的皇位之争埋下了祸根。

朱元璋屡兴大狱，滥杀功臣在历史上也留下了重重的一笔，其中最大的两次是胡惟庸案和蓝玉案。胡惟庸是左丞相，深得朱元璋的宠信，因而权势日盛，遂专权跋扈，不知自忌。如朝中有人命生死及官员升降等大事，往往不奏径行。凡内外诸衙门上奏章，有不利于己者，

辄匿不奏闻。一时四方钻营之徒及功臣武夫失职者，莫不争投门下。洪武十三年（1380），朱元璋以擅权枉法的罪状杀了胡惟庸，又杀御史大夫陈宁、御史中丞涂节等数人。十年之后，到洪武二十三年（1390），朱元璋又以胡党为题大开杀戒。于是太师韩国公李善长被赐死，家属70余人被杀。同时被杀者，又有陆仲亨等列侯多人。总计先后株连蔓延被杀者共三万余人。

蓝玉是功勋卓著的大将，被封为凉国公，同样不知自忌，侵占民田，鞭打御史。又北征归来，夜扣喜峰关，关吏不即开门，遂纵兵毁关而入。洪武二十六年（1393），蓝玉被告谋反，朱元璋也将他杀了，连坐被族诛的有一万五千人。所有勇武的元功宿将几乎在这一案中被杀光。在两案之外，开国功臣死于非命的还有不少。明朝开国功臣侥幸得以善终者，唯有汤和、耿炳文等寥寥数人。朱元璋如此杀戮功臣，实千古所未有。

朱元璋认为用如此严厉的手段镇压臣下，整肃吏治，是治国之初所必要的，但这只是权宜之计，不能一直使用。所以到晚年他曾下令严禁后人效法。朱元璋出身贫困，称帝后的生活还是较为朴素、节俭，不喜欢饮酒。江南行省的长官将陈友谅的一张镂金床送给他，他发怒说："这和孟昶的七宝溺器有何区别？"命人砸碎。他要求臣下写折子要文字简洁。刑部主事茹太素上万言书，朱元璋叫人念了6370字后还未听到具体的建议，全是空话，顿时大怒，叫人把茹太素叫来痛打了一顿。第二天晚上，他再叫人继续读下去，读到16500字以后才涉及本题，提出了五项建议，其中有四项他认为是可取的，便马上命令施行。同时指出这折子只要写500多字就够了，却写得这么冗长，但又承认自己厌听冗文而打了茹太素不对，并赞扬茹太素是忠臣。

朱标却温文尔雅，俨然是个儒生。他生性忠厚，不赞同父亲大杀功臣。每当朱元璋要杀功臣时，他

总是要加以劝阻，要求父亲以仁慈为本，顾及亲戚情谊和兄弟友爱。为此父子经常发生争执。据说一次朱元璋要惩处太子的老师宋濂，朱标哭着求情。朱元璋发怒说等你做了皇帝赦他，太子听后惶恐不安，竟投水自杀而被左右救起。又有一次，朱标劝谏父亲。朱元璋不言语，第二天故意将一条棘条扔在地上，叫朱标拿起来。朱标因为杖上有刺，不敢去拿，朱元璋说："你是怕有刺而不敢拿，我把刺拔掉了再交给你，岂不是好。"朱标说："上有尧舜之君，下有尧舜之民。"意思是说上有仁君，下才有良民。朱元璋听后大怒，抓起一把椅子朝他扔了过去，吓得朱标逃入内室，从此惊吓成病，抑郁而死。

洪武三十一年（1398）五月，明太祖朱元璋心力交瘁，终于病倒。病势转危，便立遗诏说他称帝31年来"忧危积心，日勤不怠"。这写出了他辛劳的一生，也写出了他处于统治阶级内部激烈斗争之中的心境。遗诏中命太孙朱允炆继位，诸子各自镇守藩国，不必赴京奔丧，以防变乱。不久病死于南京西宫。1398年朱元璋病死，终年71岁，庙号太祖，谥号高皇帝，葬于应天孝陵（今南京市城外钟山南面独龙阜玩珠峰下）。

## 《大军帖》

《大军帖》是朱元璋写给部将的一封信。从内容分析，此时朱氏已消灭陈友谅、张士诚等势力，正全力攻打北方，战事频仍。大军所过之处，收降元朝官员甚多，就如何妥善处置告喻部下。信文明白晓畅，对研究明初军事形势和政治方略颇有参考价值。幅末有"朱"字花押。此帖行笔自然流畅，仪态生动，风神独具特色。如康有为《广艺舟双辑·行草第二十五》所评:"明太祖书雄强无敌"。唯笔画稍欠法度,然雅拙中不乏挺拔。

《大军帖》释文:大军自下山东,所过去处,得到迤北省院官员甚多。吾见二将军留此等于军中,甚是忧虑。恐大军下营及行兵,此等杂于军队中,忽白日遇敌不便,夜间遇偷寨者亦不便。况各各皆系省院大衙门,难以姑假补之。亲笔至日,但得有椎柄之官员,无分星夜发来布列于南方观玩城池,使伏其心,然后用之,决无患已。如济宁陈平章、卢平章等家小,东平马德家小,尽数发来。至京之后,安下稳当。却遣家人一名,前赴彼旧官去处言,信人心可动。

# 第二节　洪武时期的政治举措

明朝初年,中央和地方的政治建制承袭元朝。中央设中书省,地方设行中书省。中书省是"百司纲领,总率郡属",行中书省则总管一省军、政、司法。不久,明太祖发现丞相和行中书省的权力过大,决心加以改革。洪武九年(1376),他废行中书省,在全国陆续设置了十三个承宣布政使司,置左右布政使各一人,主管一省民政和财政;另设提刑按察使司管刑法,都指挥使司管军队。三者合称"三司",互不统属,分别归中央有关部门管辖,布政使司之下又设府(直隶州)、县(州)二级地方政权,长官称知府(知州)、知县(知州)。洪武十年(1377),又设通政使司作为皇帝的"喉舌之司",长官称通政使,主管章奏出纳和封驳。第二年,又下令凡奏事不得先"关白"中书省。十三年(1380),复以"谋不轨"罪名杀左丞相胡惟庸,罢中书省,分相权于六部。六部尚书执行皇帝的命令,直接对皇帝负责。其后,进一步宣布不许再议置丞相。秦汉以来行之一千余年

## 明朝的锦衣卫

锦衣卫是中国明朝时期的专有军事特务机构,其全名为"锦衣亲军都指挥使司",前身为明太祖所创设之"御用拱卫司"以及洪武元年(1368)时改制之"仪鸾司"与二年(1369)时改制"大内亲军都督府"。他们直接听命于皇上,明朝锦衣卫可以逮捕任何人,包括皇亲国戚,并进行不公开的审讯;部分功能。也有参与收集军情、策反敌将的工作。

的宰相制度，从此废除。

明太祖废丞相后，挑选几名文人担任华盖殿、武英殿、文渊阁、东阁等殿阁大学士，协助他批阅奏章，充当顾问。明成祖（朱棣）时，阁臣可参予机务，但不置僚属，不得专制百官。仁宗（朱高炽）开始，用六部尚书、侍郎兼殿阁大学士，阁臣权力渐重。

洪武初年的监察机关称御史台。洪武十五年（1382）改称都察院，长官有左右都御史等，专职弹劾百司。都察院下设十三道监察御史，纠察内外官员。监察御史正七品，官阶虽低，威权却重，外出巡查，号“代天子巡狩”。此外还按六部的建制，设立六科给事中，负责稽查各部，驳正章疏违误。明太祖还设立特务机构锦衣卫，置锦衣卫指挥使，除负责侍卫、密缉盗贼奸宄外，北镇抚司还掌管诏狱。通过这些监察机关、言官和特务，皇帝进一步加强了对官吏和百姓的控制。

## 《大明律》和《大诰》

洪武六年（1373），刑部尚书刘惟谦奉旨编定《大明律》，明太祖亲加裁酌，后又经三次修订，于洪武三十年（1397）正式颁行。全书计30卷460条。《大明律》维护君主集权，如《吏律》规定，大臣私自选授官吏者斩，交结朋党者斩，凡违弃制书、误犯御名庙讳、遇事应奏不奏等等，或笞、或杖、或罢职，甚至斩首。《刑律》对于谋叛、谋大逆等量罪，重于唐律，不但共谋者不论首从一律凌迟处死，其祖父、父、子、兄弟和同居之人，不分异姓，伯、叔、侄不限同籍，也一律处斩。《名例律》基本保持了唐律中的“八议”而略作更动，凡皇家的亲、故以及列为功、贤、能、勤、贵、宾八类权要势家，如果犯罪，官吏只能奏闻，不得擅自勾问。但是，《大明律》也规定严禁功臣勋戚恃势

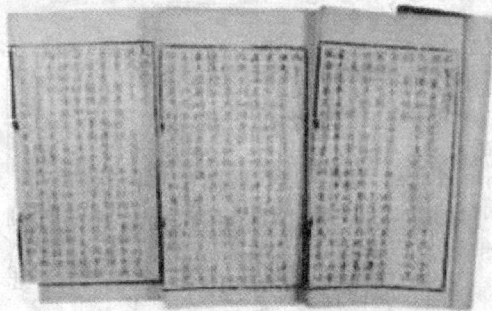

接受投献,用虚钱实契典买和侵占他人田宅,不许奸豪诱取良人及略卖良人为奴婢;凡诬告者加等治罪。这些规定对保护小生产者的财产和人身,稳定社会秩序,也起了一定的作用。

洪武十八年(1385),明太祖颁布亲自编撰的《大诰》,接着又颁行《大诰续篇》《三篇》。《大诰》三篇汇集大量惩治官民贪赃受贿、转嫁赋役、侵吞税粮、抗租误役、流亡隐匿等案例和凌迟、枭首等重刑,反映了封建专制统治的野蛮和残暴。明太祖还实行廷杖制度,在殿上杖责大臣。他的侄儿大都督朱文正、工部尚书薛祥等都被杖死。永嘉侯朱亮祖父子则被鞭死。终明一代,廷杖作为慑服公卿、维护皇权的残酷手段,经常被滥用,使"天下莫不骇然"。

## 科举制度

明朝设科取士,定期会试,三年一科。参加科举者必须是各级学校的生员。府(州)、县生员,即所谓秀才,先赴省参加三年一次的乡试,及格者称举人。隔年,举人赴京参加会试,及格者再参加皇帝亲自主持的廷试(或称殿试),中选者为进士,分一、二、三甲,一甲为状元,探花,榜眼,二甲为进士出身,三甲为同进士出身。一甲的三人直接进入翰林院,再从进士中考试,考得好的成为庶吉士,进入翰林院为官。考试的办法是,以四书、五经的文句命题,解释要以朱熹的注为依据,文章的格式规定为八股文。

### 明代学校的分类

明代学校分三类:中央国子学、府(州)县学和市镇乡村民间社学。洪武十五年(1382),国子学改名国子监,设有祭酒、司业、博士、助教、学正等学官。府(州)县学除各有训导外,府学教员有教授,州有学正,县有教谕。国子监的学生称监生,分官生和民生两种。官生指功臣子弟、少数民族土司子弟和海外留学生。民生由各地推举。监生最多时近万人,学习课程有《大诰》《大明律》、四书、五经和《说苑》。

进士不仅在发榜后即可任官,而且有做显官的希望,于是,监生的仕途逐渐被进士科排挤,致使国子监逐渐衰落。

### 明文字狱

明代的学校和科举制度,实际上是一种文化专制制度。它把知识分子的思想束缚在孔孟之道和程朱理学之中。读书人为猎取功名,埋头于四书、五经,写空洞的八股文,一切有用的知识,概不留心。这就禁锢了人们的思想,严重阻碍了文化科学的发展。

明初,士大夫有各种不同的政治态度。一部分故元遗老和原张士诚的臣僚,对新王朝抱有敌对情绪。这些不肯俯首称臣的士大夫,有不少人被明太祖用杀、关、徒等刑法加以镇压。大部分地主文人虽归依了明朝,但明太祖对他们也不放心。这位当过和尚、参加过红巾军的皇帝,十分敏感,忌讳别人揭其老底,披阅奏章,动辄猜疑。浙江府学教

> **明朝的科举考试**
>
> 明朝时期,考试的内容和形式发生了很大的变化,考试只许在"四书""五经"内命题,考生不准发挥自己的见解;答卷的文体,必须分成八个部分,叫做八股文。这种考试的形式复杂、呆板。它禁锢了人们的思想,阻碍了社会的发展和进步。

授林元亮替人写《谢增俸表》,中有"作则垂宪"句;北平府学训导赵伯宁替人作《万寿表》,中有"垂子孙而作则"句。"则"与"贼"同音,明太祖认为是骂他做过贼,一概处死。常州府学训导蒋镇为本府作《正旦贺表》,内有"睿性生知"句,"生"被读作"僧",便被处死。诸如此类,等等。这种为维护赫赫皇权而深文周纳的文字狱,使许多知识分子无辜遭祸。

# 第三节 靖难之役

明建文元年,燕王朱棣以"清君侧"为由,起兵反叛,剪除齐泰、练子宁、黄子澄等人。建文四年,南京沦陷,燕王朱棣即位,是为成祖。明成祖废建文年号,改建文四年为洪武三十五年,建文三年改为洪武三十四年,建

文二年改为洪武三十三年,建文元年为洪武三十二年,并改年号永乐,表示直接继承太祖帝位。

## 第四节　军事体制

洪武初年,由大都督府的大都督节制中外诸军。洪武十三年(1380),改大都督府为中、左、右、前、后五军都督府,分领在京各卫所和在外各都司。都督府所管仅是兵籍和军政,不能直接统率军队。军官的选授权在兵部,而军队的调遣和最高指挥权则在皇帝。打仗时,兵部奉旨调兵,并秉承皇帝意旨,任命总兵将官,发给印信。战后,统兵官交还印信,士兵回归原来卫所。

> **京军三大营**
>
> 京都的卫军分两种,一是五军都督府分统的四十八卫军。明成祖时,定名"五军",增到七十二卫,并添设三千营和神机营,与五军合称"京军三大营"。

在军队编制方面,自京都至府县,皆立卫所。每卫5600人,置卫指挥使统领;每卫下辖五个千户所,每千户所有兵1120人,指挥官称千户;千户所下辖十个百户所,每百户所有兵120人,指挥官称百户;百户所下辖二总旗,每总旗下又辖五小旗,一小旗10名兵士。府县各卫归各省都指挥使司管辖,各都指挥使司又分别归统于中央的五军都督府。三大营是全国卫军的精锐。据估计,洪武后期全国兵额约180万以上,永乐时增至280万左右。

## 第五节　经济政策

明初发展经济的措施由于元末统治者残酷的压迫和剥削,加上长期战乱,社会经济受到严重的破坏。在明初,"土地荒芜"、"居民鲜少"是个普遍现象。明太祖善于总结历代王朝兴衰的经验教训,又亲身参加过元末农民大起义,比较了解百姓的要求,懂得治乱安危的关键是百姓境遇的好坏。他竭力主张通过发展生产,"阜民之财,息民之力",给民"实惠",以达到长治久安的目的。

明太祖出于上述考虑，于洪武五年（1372）颁布诏令：以往因战乱"而为人奴隶者，即日放还"。他还下令由朝廷代为赎还因饥荒而典卖的男女。同时，《大明律》还规定，除官僚外，"庶民之家，存养奴婢者，杖一百，即放从良"。

明政府于同年颁布了"佃见田主，不论齿序，并如少事长之礼；若在亲属，不拘主佃，则以亲属之礼行之"的命令，用宗法家

**明初的休养生息政策**

明太祖有着童年的贫苦经历，平身最恨的就是贪官污吏，最同情平民百姓。因此，明初的吏治是历代王朝中最为严酷的，他曾经6次大规模肃贪，15万贪官人头落地，从驸马、侄儿、宰相等到都成刀下鬼。但明太祖对待老百姓还是非常宽厚的，他常警告群臣：

"天下初定，百姓财力匮乏，好比新树不可折枝、小鸟不可拔羽。"

明朝初年，人口减少，田地荒芜。为安定社会和增加财政收入，明太祖采取休养生息政策，政府奖励垦荒，又招集流亡农民，开垦荒地，免除三年的劳役和赋税；要各地驻军屯田垦荒，做到粮食自给。他还兴修水利，奖励植棉种麻。到明太祖后期，田地大量开垦，军队粮食基本自给，政府税收大大增加，经济逐步恢复。

长制的少长关系冲淡良贱的隶属关系。元朝关于地主打死佃户仅杖一百零七，赔烧埋银五十两了事的法令，明朝也不再沿用了。明初虽因袭元朝户籍制度，把手工业者编入匠籍，但工匠已不像在元代那样长年累月服役于官府。

明代工匠基本上分成住坐和轮班两种。洪武十九年（1386）规定，各地轮班匠每三年赴京服役三个月。二十六年（1393），又按照政府各部门的实际需要，将各种工匠改为从五年一班至一年一班五种轮班法，每班仍服役三个月。轮班匠服役是无偿劳动，不但上工之日没有代价，连往返京师盘费也要自备。住坐匠从民间征集来京，隶属于工部，主要是替皇族生产，每月服役十天。永乐十九年（1421），其待遇改为上工期间按月支领月粮三斗，无工停支。不论轮班匠还是住坐匠，在服役时间之外，都可以"自由趁作"。

# 第六节 社会矛盾

明太祖针对地主富豪多聚族而居的特点，经常大量地把他们迁徙出本乡，如洪武三年（1370），徙江南民14万户于凤阳，其中就有不少地主豪富；洪武二十四年（1391），徙天下富民5300户于南京，三十年（1397），徙富民14300余户于南京，使这些豪强失去原有的社会基础和政治实力。

明太祖十分重视吏治的整顿，严禁各级官吏玩忽职守，蠹政害民。高级官员要接受御史的监督，中下级官吏定期考核，称职者升，平常的复任，不称职者降，品德卑劣的罢职为民。对贪官的惩治尤其严厉，凡贪赃钞六十两以上者，剥皮并枭首示众。为了防止有权有势的功臣对皇权造成威胁，朱元璋采取了无情杀戮的手段，加以打击。从立国伊始，明太祖就警告文武勋臣要吸取西汉韩信、彭越的教

> **蓝玉案**
>
> 洪武二十六年（1393），明太祖朱元璋借口凉国公蓝玉谋反，株连杀戮功臣宿将的重大政治案件。因蓝玉案被株连杀戮者，当时称之为"蓝党"。该案与胡惟庸案合称为"胡蓝之狱"。经两个案件发生后，明朝元勋宿将被屠戮殆尽。

训。洪武五年（1372），他颁布《铁榜文》九条，严禁公侯与都司卫所军官私相结纳，不许擅役军士、倚势欺压良善、侵夺公私田地。后来又多次颁布诏令，规定了功臣权限。洪武十三年（1380），借口左丞相胡惟庸"谋不轨"，大兴党狱。二十三年（1390），他颁布《昭示奸党录》，以伙同胡惟庸共谋不轨罪，杀韩国公李善长、列侯陆仲亨等，株连3万余人。洪武二十六年（1393），又以谋反罪杀凉国公蓝玉、列侯张翼等，牵连1万余人。这两次党狱，元勋宿将被杀戮殆尽。

# 第六章　智勇双全的"文佳皇帝"

**走近人物**　陈硕真(620—653)，女，唐代睦州雉山梓桐源田庄里(今浙江省杭州市淳安县梓桐镇)人，早年丧夫，有些书上又写作陈硕贞，是唐朝永徽四年(653)的起义军的女首领。唐朝高宗时期的陈硕真，自称文佳皇帝，不过她的起兵坚持了一个月就被镇压下去了。所以历史学界认定，唯一一个正统的女皇帝应该是武则天。

## 第一节　事迹概览

陈硕真，唐代浙东农民起义军女首领。睦州(今浙江淳安西)人。唐永徽四年(653)，浙江一带农民不堪官吏贪求及豪强逼掠，陈硕真与妹夫章叔胤在睦州组织农民起义，自称文佳皇帝，以章叔胤为仆射。随即遣章叔胤率众趁夜袭占桐庐(今浙江桐庐西)，自引兵2000攻克睦州、于潜(今临安西)，攻歙州(今安徽歙县)不克；其将童文宝领兵4000攻婺州(今浙江金华)，为官军所阻。时唐廷命扬州刺史房仁裕发兵南攻，婺州刺史崔义玄等率兵北进，义军在下淮戍(今桐庐东北)与崔

义玄部遭遇，大溃，被杀数千人，退至睦州境，又有万人相继投降官军。十一月，房、崔两部会合，义军终因寡不敌众而败，陈硕真等被俘遭杀害。

## 早年生平

陈硕真，睦州新安县人，自幼父母双亡，和一个妹妹相依为命，她容貌艳丽，身材修长丰满，性情豪放，侠肝义胆，精通武艺。姐妹俩历经世间风霜雨雪，尝遍人间辛酸苦辣，姐妹俩一直熬到妹妹被乡邻收养，陈硕真到一乡宦人家帮工，这才能吃上一顿饱饭。清溪山高谷深，河道交错，物产十分丰富，正因如此，朝廷在此征收的赋税也相当多，让当地百姓负担十分沉重。

这一年，清溪发生了百年不遇的洪灾，朝廷不但不开仓赈粮，还照样征收各种赋税，导致民不聊生，卖儿鬻女，流离失所，饿殍载道。陈硕真看到乡亲们的苦难景象，想到自己也曾得到过乡亲们的帮助，于是不顾自己安危，偷偷打开东家的粮仓救济灾民，结果被东家发现，捆绑起来，打得遍体鳞伤、死去活来，众乡亲看在眼里，急在心头，当天夜晚，众多乡亲自发组织起来，冲入关押陈硕真的柴房，将其救出，为逃避官兵的搜捕，陈硕真逃入深山之中隐迹，装扮成一位道姑，疗养身体。

陈硕真在养伤期间，觉得只有推翻朝廷，才能让大家过上好日子。陈硕真决定利用道教来发展信众，作为以后起义的力量。她先是散布一些消息，说自己在深山遇到了太上老君，并被收为弟子，并向大家展示她所学到的种种法术，因为乡民希望她成仙后能更多的为民造福，对陈硕真"升仙山受仙法"的说法深信不疑，过了一段时

间,她又宣称,自己已经得到了太上老君的神谕,马上就要羽化登仙了。但这时,有人向官府告密说:陈硕真成仙升天是假,图谋不轨是真。于是官府派人四出搜寻,将陈硕真抓了回来,并以妖言惑众、图谋不轨之类的罪名将案件上报上司,幸好众多乡亲积极筹措资金,打通了关节,这才使得陈硕真无罪释放。经历这次风波后,陈硕真觉得官府已经注意到了自己的行为,若不尽快起义,恐怕以后就没有机会了。

## 登基称帝

眼看信徒发展的人数差不多了,永徽四年(653)十月初,陈硕真正式宣布起义,与官府进行对抗。她仿照唐朝官制建立了政权,任命章叔胤为仆射,总管各项事宜,而她自己则称为"文佳皇帝"。在中国历史上,参加农民起义的妇女不计其数,但做领袖的妇女却寥若晨星,而做领袖且又称皇帝的妇女,则只有陈硕真一人,从这一点上讲,她作为农民起义领袖,无疑是最具有魅力和魄力的一个。

陈硕真发动起义后,得到当地人民的广泛拥护,青溪人童文宝首先率众响应,在很短的时间里,义军就发展到几千人,为壮大力量,陈硕真和章叔胤兵分两路,章叔胤领兵攻占桐庐,陈硕真自己率军两千攻占睦州治所及于潜(今浙江昌化东南)。睦州各地的百姓群起响应,起义军很快发展到数万人。陈硕真能够以区区两千人马就攻陷睦州首府及所属诸县,顿时朝野震动,为了将义军剿灭,朝廷对起义地区实行封锁,严格控制人口流入义军,所有进入睦州地区的人员一律受到盘查,就连僧侣也不放过。

为了打开局面发展力量,陈硕真乘胜进攻安徽,攻打歙州(今安徽省歙县)。但由于歙州驻

### 陈硕真的传说

猛虎归山,蛟龙入海,自然就会掀起一场风浪。陈硕真有一位亲戚叫章叔胤,他积极支持陈硕真的起义计划并做了大量的宣传组织工作。章叔胤对外宣传说,陈硕真已从天上返回青溪,现在她法力无边,变幻莫测,可以召神将役鬼吏。这说法一传十,十传百,愈传愈玄,方圆百里的百姓无不对陈硕真顶礼膜拜,陈硕真的每一句话都是神语仙音,足可令信徒赴汤蹈火而不辞。

军防守严密、抵抗顽强，陈硕真手下虽有几万人，但大多是没有受过军事训练的普通百姓，又没有攻城器械，歙州久攻不下。不得已，陈硕真从歙州撤出，改变原来集中兵力进攻的方法，制定分路出击，采用运动战与袭击战结合的方针，打击敌人扩大势力范围。唐政府派扬州长史房仁裕发兵征讨。在此方针下，陈硕真命童文宝统兵四千，掩袭婺州（今浙江省金华）。童文宝率兵进入婺州后，与官军遭遇，变掩袭成强攻。

不料婺州也是一块难啃的骨头。当时任婺州刺史的是崔义玄，此人是隋末的强悍人物之一。先投奔李密，未受重用，改投李渊。史书上说李渊多次采纳他的计策，算得是个身经百战的智将。唐朝建立后，积官至婺州刺史。崔义玄在城中闻听警报，立即召集文官武将，准备发兵抵抗，官员们却慑于义军的声威，纷纷说："陈硕真有神灵护卫，敢与其兵对抗者，无不杀身灭门，还是回避为上"。绝大多数人不愿前去。这时，一个叫崔玄籍的司空参军却说："顺天心合民意的起兵，有时尚且不能成功，陈硕真不过是个

有点法术的女人，一定坚持不了很久"。崔义玄闻听此言，大喜过望，立即命崔玄籍为先锋官，他自己统率大兵跟进。

　　陈硕真闻知童文宝在婺州受阻，带领主力来到婺州支援，参战的义军达数万人。义军虽然在人数上占优势，但起义才一个来月，战士未经训练，战斗力有限，过去能克州陷府，凭的是声威和拼劲，如今声威和拼劲虽在，但面对训练有素，指挥得当的官兵却有些力不从心。两军在婺州境内僵持着，陈硕真为打破僵局，改变客地作战、敌情不熟等不利条件，不断派出间谍刺探敌情，有一次仅被唐兵擒住的间谍就达数十人。而崔义玄这边也没闲着，向四方发出了求援。

### 陈硕真英勇起义

　　就在两军僵持之际，一天晚上，忽然有一颗陨星坠落在陈硕真的大营中。崔义玄立刻大造舆论，说这就是陈硕真的将星陨落，陈硕真必死无疑。崔义玄统帅的军队顿时军心大振，而陈硕真一方的士气则大大低落。在下淮，两军大战。唐军以大盾牌保护刺史崔义玄，崔义玄说："刺史避箭，还有谁拼死作战！"命撤去盾牌。唐军士卒受到激励，陈硕真军大败，被斩首数百人。唐军允许陈军投降，追击进入睦州境内时，投降的人达到一万。

　　公元653年11月底，扬州长史房仁裕的援军到达婺州，与崔义玄前后夹击义军。战斗情况相当惨烈，参战的数万义军，最后除一万多被俘外，其余大部战死。"文佳皇帝"陈硕真及仆射章叔胤在战斗中被俘，最后英勇就

义,年仅三十三岁。崔义玄因功被唐廷任命为御史大夫。

崔义玄正是因为平定陈硕真有功,开始进入朝廷中央,随后他参与拥立武则天为皇后的历史事件。后来,他又执行对武则天的政敌长孙无忌等人的刑罚。

她曾两次落入官府手中:第一次是在起义的准备阶段,陈硕真到处传教,地方官有所察觉,下令逮捕陈硕真。为了避免打草惊蛇,她顾全大局,没有进行反抗。地方官抓到陈硕真后刑讯得不到口供,又拿不出别的证据,加上她的教徒们多方设法营救,十多天后被迫把她释放了。陈硕真出狱后,大力宣传她所创立的教义。民间对信仰她的越来越多,她的事迹越传越神;以至陈硕真起兵之后传说她有神力,敢挡其大军者必被鬼神报复遭灭门之祸。

第二次则是在强大的官军围攻下因叛徒出卖不幸被俘。

## 英勇的"文佳皇帝"

陈硕真举兵是在唐永徽四年(653)十月,这一年武则天30岁,两年后才被立为皇后,称帝则到了公元690年。陈硕真是中国史上女性自称皇帝的第一个人。她的举兵事件规模不算大,最后虽然被镇压了,但因她开天辟地般的女性称帝行为,现代史学家翦伯赞称她为"中国第一个女皇帝"。当然这位草莽天子是无法和武则天皇帝的历史影响相提并论,但做为第一

位自称皇帝的中国女性，她的精神确实难以磨灭。陈硕真在男性占主导地位的古代，以女性自称皇帝，可谓闯字当头，虽然失败，也是精神可嘉。陈硕真在故乡青溪留下了"天子基""万年楼"等遗迹，这些遗迹在北宋末年曾使方腊受到启示。

陈硕真领导的这次起义，人数不过数万，地域只涉及浙皖交界处的几个州，为时不足两月就被朝廷派大军镇压，官方史料的记载也相当简略。在风声鹤唳，强敌如林之境，陈硕真敢于自称"文佳皇帝"，建立政权，表现出大无畏的革命英雄般的勇气。这不仅在中国历史上领导起义的女英雄中是独一无二的，而且比中国历史上唯一的女皇帝武则天称帝的时间也要早了几十年。

## 陈硕真对后世的影响

陈硕真的事业在婺州终结了，虽然她从起兵到兵败身亡，不过一个多月时间，但是东南震动，影响极大。她自称皇帝，在中国历史上还是第一次。后来武则天称帝多多少少受到了一些她的影响。今天我们在青溪的"天子基""万年楼"等遗迹中，似乎仍可找到当年的"文佳皇帝"的影子。

# 第二节　轶事典故

当然，当地百姓不肯相信陈硕真的死，他们编造了一个传说，说当起义军最后被围困在一个山头上时，陈硕真立马山头，回顾左右，义军已经

所剩无几。她挥舞双剑,准备再冲下山来。房仁裕和崔义玄指挥官兵万箭
齐发,山上顿时箭如雨下,陈硕真舞动双剑,远远看去只见两团白光,护
着全身。但官兵的箭轮番向那两团白光射去,最后,陈硕真胸腹连中数
箭,两团白光渐渐收敛了。就在官兵一拥而上,想抓住陈硕真时,忽然天
边飘来一朵彩云,一只巨大的凤凰降落在山头,吓退了官兵,然后载上陈
硕真腾空而去。于是,那山现在就叫"落凤山"。

　　美丽的传说寄托了人民对起义军的同情和怀念。陈硕真作为古代劳
动妇女的杰出代表,永远载入了中华民族的史册。当然,这个传说虚构的
成分很大。陈硕真在突围过程中中箭负伤多半有之,但是却没有战死,而
是被俘后,遭到杀害。

# 第三节　史籍记载

二十四史中的新旧唐书对于陈硕真记载的都很简短：

**1.《旧唐书》**

本纪第四高宗上：冬十月庚子，幸新丰之温汤。甲辰，曲赦新丰。乙巳，至自温汤。戊申，睦州女子陈硕真举兵反，自称文佳皇帝，攻陷睦州属县。婺州刺史崔义玄、扬州都督府长史房仁裕各率众讨平之。

**2.《旧唐书》**

卷八十一列传第二十七崔义玄：属睦州女子陈硕真举兵反，遣其党童文宝领徒四千人掩袭婺州。义玄将督军拒战，时百姓讹言硕真尝升天，犯其兵马者无不灭门，众皆凶惧。司功参军崔玄籍言于义玄曰："起兵仗顺，犹且不成，此乃妖诳，岂能得久？"义玄以为然，因命玄籍为先锋，义玄率兵继进，至下淮戍，擒其间谍二十余人。夜有流星坠贼营，义玄曰："此贼灭之征也。"诘朝进击，身先士卒，左右以盾蔽箭，义玄曰："刺史尚欲避箭，谁肯致死？"由是士卒戮力，斩首数百级，余悉许其归首。进兵至睦州界，归降万计。及硕真平，义玄以功拜御史大夫。

**3.《新唐书》**

本纪三高宗：戊申，睦州女子陈硕真反，婺州刺史崔义玄讨之。十一月庚戌，陈硕真伏诛。

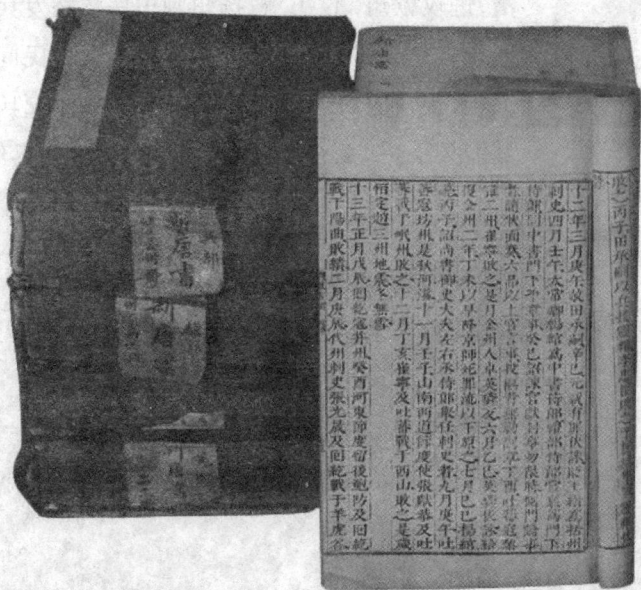

### 4.《新唐书》

卷一百二十二列传第三十四崔义玄:时睦州女子陈硕真举兵反。始,硕真自言仙去,与乡邻辞诀,或告其诈,已而捕得,诏释不问。于是姻家章叔胤妄言硕真自天还,化为男子,能役使鬼物,转相荧惑,用是能幻众。自称文佳皇帝,以叔胤为仆射,破睦州,攻歙,残之,分遣其党围婺州。义玄发兵拒之,其徒争言硕真有神灵,犯其兵辄灭宗,众凶惧不肯用。司功参军崔玄籍曰:"仗顺起兵,犹无成;此乃妖人,势不持久。"义玄乃署玄籍先锋,而自统众继之。至下淮戍,擒其谍数十人。有星坠贼营,义玄曰:"贼必亡。"诘朝奋击,左右有以盾鄣者,义玄曰:"刺史而有避邪,谁肯死?"敕去之。由是众为用,斩首数百级,降其众万余。贼平,拜御史大夫。

### 5.《资治通鉴》

卷第一百九十九 【唐纪十五】 永徽四年(653):初,睦州女子陈硕真以妖言惑众,与妹夫章叔胤举兵反,自称文佳皇帝,以叔胤为仆射。甲子夜,叔胤帅众攻桐庐,陷之。硕真撞钟焚香,引兵二千攻陷睦州及於潜,进攻歙州,不克。敕扬州刺史房仁裕发兵讨之。硕真遣其党童文宝将四千人寇婺州,刺史崔义玄发兵拒之。民间讹言硕真有神,犯其兵者必灭族,士众凶惧。司功参军崔玄籍曰:"起兵仗顺,犹且无成,况凭妖妄,其能久乎!"义玄以玄籍为前锋,自将州兵继之,至下淮戍,遇贼,与战。左右以楯蔽义玄,义玄曰:"刺史避箭,人谁致死!"命撤之。于是士卒齐奋,贼众大溃,斩首数千级。听其馀众归首;进至睦州境,降者万计。十一月,庚戌,房仁裕军合,获硕真、叔胤,斩之,馀党悉平。义

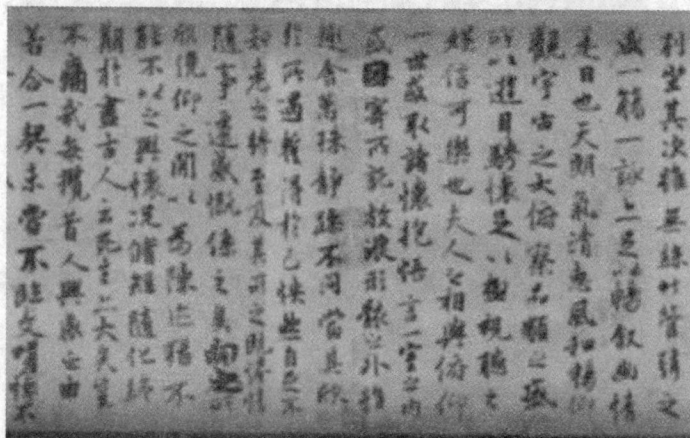

玄以功拜御史大夫。

**6.《宋史》**

列传第二百二十七宦者三方腊：方腊者，睦州青溪人也。世居县揭村，托左道以惑众。初，唐永徽中，睦州女子陈硕真反，自称文佳皇帝，故其地相传有天子基、万年楼，腊益得凭籍以自信。

## 另有一说

传说，陈硕真与后来当了武周皇帝的武则天还有一段情和怨呢！

那是在唐高宗永徽元年（650）三月的一天。天高气爽，春和景明，京都长安城里的一班纨绔子弟来到了城西十五里的名胜古迹感业寺踏青。这班人见到了寺中一位漂亮的小尼姑，便垂涎三尺，上前调戏。小尼姑的哭喊声被寺中的慧觉尼姑听到了，见这班人对小尼姑欲行非礼，不由"恶从心头起，恨向胆边生"，猛喝一声："大胆狂徒，佛头净地，休得无礼！"棍随声出，一个骑马蹲裆式，手中柴棍便向这班泼皮横扫过去，"哗"的一声，就撩倒了十几个，余者目瞪口呆、手足无措。慧觉厉声斥责道："青天白日，朗朗乾坤，做此丑行，猪狗不如，下次胆敢再犯，姑奶奶决不轻饶，还不快滚！"这班纨绔辫子如逢赦令，纷纷抱头鼠窜。这被解救的小尼姑原来就是被唐太宗李世民临幸过的武则天武才人，她是遵从太宗遗命，在永徽元年正月来到这皇家尼庵削发为尼的。

慧觉尼姑就是陈硕真，唐贞观年间才十五岁的她就得到异人传授，学会了兵法和武艺。十九岁那年，为了解救同乡一个

打抱不平杀了狗财主的后生章叔胤而受到官府的通缉。于是她女扮男装，只身前往在扬州城里开木材行的舅父处避难。陈硕真饥餐露宿，受了千辛万苦，步行到扬州，一打听，才知道舅父的木材行已被知府的妻弟强行霸占了，舅父已在三年前携家北上，到京都长安城里谋生去了。陈硕真风尘仆仆，整装北上，一个月后，经多方打听，才打到了这位曾在家乡办过义学、乐善好施、阔别多年的亲人。舅父见外甥女长得英俊高大、一付男儿模样，且又雄才大略、武艺超群，心中大喜，主张陈硕真隐姓埋名，到皇家尼庵感业寺以带发修行掩护，积极进行农民大起义的各项准备工作，舅父交游广、熟人多、阅历深，自愿为外甥女南下北上，联络四方豪杰、结识各路英雄，成了农民义军的无名英雄。

武则天不仅天生丽质，而且博学多才；陈硕真武功绝伦，又富有正义感；俩人心意相投。武则天受欺凌被解救的事发生后，俩人更加亲密无间，背着人以姐妹相称。

这年冬天，武则天的光头上已长出披肩青丝。一天，高宗皇帝李治派大内总管到感业寺宣召，封武则天为昭仪，迎取她回宫。临行前夕，姐妹俩作了彻夜长谈，她们从佛门谈到农事，从国家前途谈到个人抱负。晨曦初露，迎接昭仪的车驾来到了感业寺，登辇前，姐妹俩千叮咛万嘱咐，依依惜别。陈硕真对武则天细语曰："两年后东南有战事，即姐所为也，望妹不以姐为不忠，给予赞助。"武则天略作沉思，微微含首，姐妹洒泪而别。

永徽三年（652）冬，感业寺来了两位不速之客，一个是后来被陈硕真拜为仆射的章叔胤，另一位是日后被封为大将军的童义宝，他们向陈硕真详

细地报告了三年来为起义所作的各项准备工作,认为时机已经成熟,请陈硕真立即南下,领导起义。陈硕真让他俩先行出发,她自己对京城的内线工作作了布置,便于春节前赶到了田庄里。永徽四年(653)冬十一月,陈硕真率众数万,在田庄里举行起义。就在陈硕真全力抗击扬州刺史房仁裕和婺州(金华)刺史崔义玄的联合进攻时,曾派潜伏在京城"内线"通过"关系"为武昭仪送去一封信。然而,"胸怀大志,别有所图"的武则天却置之不理。难怪陈硕真在睦州受刑前要责怪武则天 "义妹不义"了。

至今,历史已翻过了两千年。我们只有听那梓桐源的古迹"天子基"和"万年楼"向人们默默地倾诉这悲壮的情和怨!

## 氏琪文化

Searchbag(氏琪)完美地传承唐朝杰出女性与众不同、寻找自我价值的梦想,这一积极、乐观、自信、和谐的氏琪文化与时俱进地影响并启示着诸多杰出代表人物的女权意识,不断地开创女权运动的新格局。她,"与众不同,寻找自我"这种自我价值的探索与追求,源自每一位选择氏琪的朋友对生活哲学的探索与感悟!

唐朝在文化、政治、经济、外交等方面成就辉煌,是当时世界上最强大的国

### 中国第一个女皇帝

陈硕真领导的这次起义,为时不足两月就被朝廷派大军镇压。在风声鹤唳,强敌如林之境,陈硕真敢于自称"文佳皇帝",在中国历史上领导起义的女英雄中是独一无二的。她自称皇帝,在中国历史上还是第一次。

家,世界公认的中国最强盛的时代之一,共历经21位皇帝(含武则天)。在男权占主导地位的封建时代,女性自称皇帝,可谓与众不同,解放思想之代表。

# 第七章 织席起家的皇帝——刘备

> **走近人物** 　　刘备作为一个优秀的政治家、军事家,他的优点是多方面的,如爱民爱材、宽厚仁义、知人善任,待人公正真诚……他能将一大批优秀的政治、军事人材收为己用。他在复杂的政治斗争实践中领略到遵循儒家政治思想理念对于角逐天下的重要性,十分注意自身品德人格的修养,树立贤德之君的风范,正是这个"惟贤惟德,能服于人"的基本政治理念,铸成了刘备一生受人敬重的政治品格,成就了刘备的一生霸业。

## 第一节 人物生平

　　刘备(161—223),即蜀汉昭烈帝,字玄德,汉中山靖王刘胜的后代,三国时期蜀汉开国皇帝,三国时期著名的政治家。刘备虽然是汉中山靖王刘胜的后代,但是他父亲早死,家境贫寒,与母亲靠贩草鞋、织草席度日。但他志存高远、以卓越的品质、谦逊的作风招揽了一大批至死不渝的忠志之士(如关羽、张飞、糜竺、简雍、孙乾等),虽然他一生遭遇多次挫折,最后却靠坚忍不拔的毅力,终成大事,建立蜀汉,从一个卖草鞋的变成昭烈皇帝,其一生是充满传奇色彩的。

### 乘乱起兵,崭露头角

　　汉灵帝中平元年(184),爆发黄巾起义,刘备因镇压起义军有功被封为安喜县县尉,后来,朝廷有令:如因军功而成为官吏的人,都要被选精汰

秽，该郡督邮到安喜要遣散刘备，刘备知道消息后，到督邮入住的驿站求见，督邮称疾不肯见刘备，刘备（不是张飞）衔恨在心，捆绑督邮鞭打两百。刘备与关羽、张飞弃官逃亡。后来，大将军何进派册丘毅到丹杨募兵，刘备也在途中加入，到下邳时与盗贼力战立功，任为下密县丞，不久又辞官。后来又任高唐尉、高唐令等职。不久高唐县被盗贼攻破，刘备于是往奔公孙瓒，被表为别部司马。

汉献帝初平二年（191），刘备与青州刺史田楷一起对抗冀州牧袁绍，因为累次建立功勋而让他代理平原县县令，后领平原国相。

刘备外御贼寇，在内则乐善好施，即使不是身为士人的普通百姓，都可与他同席而坐，同簋而食，不会有所拣择。《三国志》记载，刘备当平原相时深得人心，郡民刘平不服从刘备的治理，唆使刺客前去暗杀。刘备毫不知情，还对刺客十分礼遇，刺客深受感动，不忍心杀害刘备，便袒露实情离去，连修史的陈寿都不禁叹道："其得人心如此"。

## 激昂大义，舍身相救

当时黄巾余党管亥率众军攻打北海，北海相孔融被大军所围，情势危急，便派太史慈突围向刘备求救。刘备惊讶地答道："北海相孔融居然知道世上有刘备！"便立即派三千精兵随太史慈去北海救援。黄巾军闻知援军至，都四散而逃，孔融逐得以解围。后袁绍攻公孙瓒，刘备与田楷东屯齐。

孔融 字文举

此图选自三国演义之
三让徐州

兴平元年（194），曹操借口为父报仇而再度攻打徐州，徐州牧陶谦不能抵挡，向青州刺史田楷求救。刘备以本部千余人从田楷往救之，虽然没能击退曹操，但是恰好此时张邈、陈宫叛迎吕布，曹操根据地失陷，于是回兵兖州。陶谦表刘备为豫州刺史，使屯于小沛。

## 两据徐州，两失徐州

兴平二年（195），陶谦病故，遗命将徐州交与刘备。刘备又得到糜竺、陈登、孔融等人拥戴，遂领徐州牧。此时吕布被曹操打败来投靠，刘备善待礼遇他，让其屯于小沛。

建安元年（196），曹操表刘备为镇东将军，封宜城亭侯。袁术率大军进攻徐州，刘备迎击，两军在盱眙、淮阴相持。这时，吕布偷袭了下邳。刘备回军，中途军队溃散，乃收余军东取广陵，为袁术所败，转军海西，困顿至极，得从事东海糜竺以家财助军。于是向吕布求和，吕布让刘备驻军小沛。其后袁术派纪灵领步骑三万攻小沛，吕布也知道唇亡齿寒的道理，用"辕门射戟"使两家罢兵。不久，刘备再度招募了万余人的军队，吕布恶之，于是率军进攻小沛。刘备战败，前往许都投奔曹操。曹操表奏刘备为豫州牧，又益其兵，并给与粮草，让刘备屯沛地。其后人称刘备为"刘豫州"。

建安三年（198），吕布派高顺和张辽进攻刘备，曹操虽派夏侯惇援救，但被击败。沛城最终被攻破，刘备妻子被掳，单身逃走。刘备在梁国国界中与曹操相遇，于是与曹操联合进攻吕布，吕布投降后，

刘备力劝曹操杀死吕布。其后刘备与曹操回到许都,被表为左将军。建安四年(199),车骑将军董承受汉献帝衣带诏,刘备起初未敢加入。后曹操与刘备"煮酒论英雄",曹操对刘备说:"今天下英雄,唯使君与操耳。本初之徒,不足数也。"刘备心惊,筷子掉落。此事后刘备知道曹操难容自己,遂与董承等人同谋。恰逢当时曹操派刘备与朱灵一起攻击袁术,其后刘备进军下邳,杀徐州刺史车胄,留关羽守下邳,行太守事,自己还小沛。东海昌豨以及诸郡县多从刘备,刘备遂有兵数万,于是北连袁绍抗击曹操。曹操派司空长史沛国刘岱、中郎将扶风王忠往攻,被刘备击退。建安五年(200)春,衣带诏事发。曹操决定亲自东征刘备,虽然曹军中将领多认为袁绍才是大敌,但曹操却觉得刘备是英杰,必要先行讨伐,郭嘉亦赞同曹操。刘备战败,北投袁绍。

## 颠沛流离,依附刘表

秋七月,汝南黄巾军首领刘辟等叛归袁绍。袁绍使刘备领兵助之,不久为曹仁打败。刘备回到袁绍处,以连结刘表为由,带兵复到汝南,联合黄巾余党龚都,斩杀曹操派来平乱的将领蔡阳。建安六年(201),曹操亲自讨伐刘备,刘备往投刘表。刘表亲自到郊外迎接刘备,待以上宾之礼,遂屯于新野。建安七年(202),刘表命刘备带军北上,到叶县,夏侯惇、于禁、李典率军抵挡。刘备伪退,设下伏兵,李典觉得有诈乃劝之,夏侯惇不听,被刘备打败,幸好李典及时赶来,刘备军力

过少，知道相持下去占不到便宜，于是退军。刘备在荆州数年，自觉老之将至而功业未建，遂有"髀肉之叹"。刘备向刘表提出趁曹操进攻乌桓时偷袭许都的建议，刘表没有采纳。建安十二年（207），刘备前往隆中拜访诸葛亮，三顾茅庐之后，诸葛亮向刘备献上了隆中对。

建安十三年（208），刘表病死，曹操此时亲率大军南下。刘表次子刘琮投降曹操，长子刘琦联合刘备。刘备从新野撤往江夏，路经襄阳时，很多荆州士人投靠刘备，有人劝说刘备抛弃他们，轻骑前进，但刘备说："夫济大事必以人为本，今人归吾，吾何忍弃去！"到当阳时，竟有十余万众，辎重数千辆，日行十余里，被曹军追击，败于长坂。

### 横跨荆益，大业初成

建安十三年（208），刘备联合孙权，与周瑜率领联军大败曹操于赤壁，又南收荆州四郡。刘备从孙权手中借的荆州江陵（南郡），占据荆州五郡。

建安十六年（211），刘璋听从张松建议，派法正邀请刘备入川襄助自己对付张鲁，法正、庞统因劝刘备图取益州。刘备遂留诸葛亮、关羽等守荆州，自将数万步卒入蜀，与刘璋会于涪。期间张松、法正、庞统皆劝刘备袭

杀刘璋，刘备以初来到蜀地，人心尚未信服，不宜轻举妄动为由拒绝。刘璋上表推荐刘备代理大司马，兼领司隶校尉，配给刘备士兵，督白水军，令他攻击张鲁。刘备北至葭萌，驻军不前，厚树恩德以收众心。建安十七年（212），张松事情败露被杀，刘备于是与刘璋反目。刘备依庞统提出的计谋，召白水军的杨怀到来并将其斩杀，吞并其部队。派黄忠、卓膺率军南下进攻刘璋，占领涪城。

建安十八年（213），刘璋派遣刘璝、冷苞、张任、邓贤、吴懿等在涪阻击刘备，都被刘备打败，吴懿投降。刘璋又派李严、费观统帅绵竹诸军阻击刘备，李严率众投降。刘备军力益强，分军平定各县。同时调诸葛亮、张飞、赵云等率军入蜀。张任、刘循退守雒城，刘备率军进攻，张任出击被刘备军斩杀，刘循遂坚守不出，庞统率军攻打雒城时为流矢所中战死城下。

建安十九年（214），雒城被围近一年才被攻克，刘备乃与诸葛亮、张飞、赵云等共围成都。时刘备派建宁督邮李恢说降马超。马超来到成都，刘备命他率军屯城北，一时城中震怖。刘备于是派简雍劝降了刘璋，遂领益州牧，启用蜀中诸多人才。建安二十四年（219）北攻汉中，在汉中之战斩杀曹操名将夏侯渊，又迫使曹操退军，完全占据了曹操的汉中，同年进位汉中王，使蜀汉政权达到了最为鼎盛时期。

222年
夷陵之战

## 丢失荆州，惨败夷陵

然而，汉中占领不久，关羽孤军北伐，虽然水淹七军、擒于禁、斩庞德、威震华夏、围曹仁于襄阳，达到军事上的最高峰，

但是荆州后方空虚，东吴吕蒙以白衣计乘机夺取荆州（主要是江陵和公安），最后关羽被吴军擒获，遭到杀害，"失荆州"使得刘备元气大伤，蜀汉政权也开始走下坡路。

魏黄初二年(221)，刘备在曹丕篡汉建魏后，于成都称帝，国号"汉"，以汉室宗亲的身份重新建立汉朝，继续东汉大统，年号"章武"。同年，刘备以为关羽报仇的名义，发兵讨伐东吴，意图夺回荆州，但于公元222年夏被吴将陆逊在夷陵之战中打败，最终撤退到白帝城。刘备虽然大败，但是余威仍在，孙权听说刘备驻扎在白帝城，非常害怕，慌忙遣使请和，刘备出于对全局的考虑，同意孙刘再次联盟。刘备于223年四月逝世，谥号为昭烈帝。

# 第二节　性格特点

## 笼络豪杰，深得人心

刘备寡言少语，喜怒不形于色，能谦恭待人，城府极深。刘备年轻时师从东汉大儒卢植不爱读书，喜欢弄狗骑马，喜欢结交豪爽之士。因此，青年时代就有不少年轻人争相依附他，这是他性格的优点。

刘备宽仁、忠厚、慈善、好施、善于收买、笼络人心，这是他性格中远远胜于曹操的地方。曹氏父子占据北方大部，挟天子以令诸侯，政治上、军事上都占有明显的优势。但曹操行事残暴，时常就屠城，刘备行事多与曹操相反：曹操急暴，刘备宽仁；曹操狡诈，刘备忠厚；曹操篡汉，刘备扶汉，因此，刘备深得人心。刘备入蜀后，实行拉拢

当地豪门士族的政策,发还他们的田地和房屋,鼓励发展农业生产,因而深得民心。

### 识人善用,君臣融洽

刘备礼贤下士,慧眼识才。在爱才、用才上,尽管刘备、曹操、孙权三人有共同的特点,但刘备比他们两人更胜一筹,在用人方面,毛主席曾对人评价:"刘备这个人会用人,能团结人,终成大事。这是他成功的关键。"陈寿也评价刘备为:"先主之弘毅宽厚,知人待士,盖有高祖之风,英雄之器焉"。刘备创业之初,势单力薄,颠沛流离。虽然两次占据徐州,但都最终失败,但是他注意收买人心,不论什么情况,他都以民为先。后来,三顾茅庐得诸葛亮,有了著名的"隆中对",形成自己的立国纲要。他一生重用诸葛亮,如鱼得水,共谋大业。他在乡党之中得到后来勇冠三军的关羽、张飞,重用行伍出身的魏延,成功地镇守了汉中这个战略重地……从另一方面说明刘备知人善任的本色,很会笼络人心。

### 坚忍不拔,终成大事

刘备性格中还有坚忍不拔、屡败屡战的优点。刘备创业之初,艰辛异常,东奔西走如丧家之犬,依靠袁绍时,受到节制,依附曹操时,曹操众谋臣想诛杀他。曹操两次都免杀,并以礼相待,后他又趁机逃脱,联吴拒曹。他也曾依赖刘表,却被刘表暗地里提防,忍辱存身,以图称霸。可见他有坚忍不拔、锲而不舍的精神,是一个打不败、拖不垮的硬骨头。

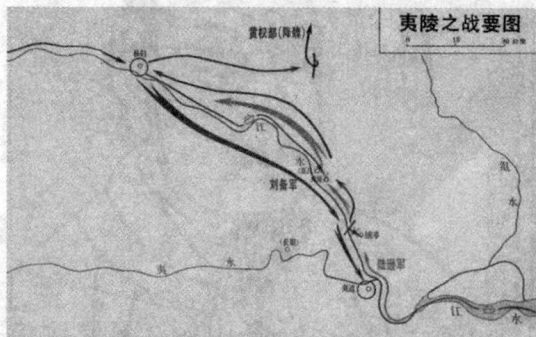

夷陵之战要图

### 宽以待人,心胸广阔

夷陵之战中,刘备大军溃败,部将黄权再不得已的情况下,率军投降曹魏,当时大臣们都劝刘备将黄

权全家满门抄斩，刘备却说，黄权投降曹魏是不得以的举动，还说："黄权并没有辜负我，是我辜负了黄权！"身居高位，有如此广阔的胸襟，实为难得，所以后世人都以宽以待人评价刘备。

> **刘备遗诏**
>
> "朕初疾但下痢耳，后转杂他病，殆不自济。人五十不称夭，年已六十有馀，何所复恨，不复自伤，但以卿兄弟为念。射君到，说丞相叹卿智量甚大，增修过于所望，审能如此，吾复何忧！勉之，勉之！勿以恶小而为之，勿以善小而不为。惟贤惟德，能服于人。汝父德薄，勿效之。可读《汉书》《礼记》，间暇历观诸子及《六韬》、商君书，益人意智。闻丞相为写申、韩、《管子》《六韬》一通已毕，未送，道亡，可自更求闻达。"

# 第三节　故事典籍

## 曹操问裴潜

《世说新语·识鉴》曰：曹公问裴潜曰："卿昔与刘备共在荆州，卿以备才如何？"潜曰："使居中国，能乱人，不能为治；若乘边守险，足为一方之主。"裴潜评价刘备居国不治，守边为主。

## 死里逃生

《典略》曰：平原刘子平知备有武勇，时张纯反叛，青州被诏，遣从事将兵讨纯，过平原，子平荐备于从事，遂与相随，遇贼于野，备中创阳死，贼去后，故人以车载之。这件事一方面提到了刘备的武勇，但更多的是刘备的急中生智和临危不惧，想想看，若是刘备只是一介武夫，十分勇敢的与贼兵拼命，或是慌张被杀，还会有日后的昭烈皇帝吗？

## 感化刺客

《三国志》：郡民刘平素轻先主，耻为之下，使客刺之。客不忍刺，语之而去。其得人心如此。《魏书》曰：刘平结客刺备，备不知而待客甚厚，客以状语之而去。是时人民饥馑，屯聚钞暴。备外御寇难，内丰财施，士下者，必与同席而坐，同簋而食，无所简择。众多归焉。

这不仅仅是刘备礼贤下士的真实写照，也说明了刘备的个人修养和超凡的人格魅力。

## 髀肉之叹

《九州春秋》曰：备住荆州数年，尝于表坐起至厕，见髀里肉生，慨然流涕。还坐，表怪问备，备曰："吾常身不离鞍，髀肉皆消。今不复骑，髀里肉生。日月若驰，老将至矣，而功业不建，是以悲耳。"

因生髀肉而感慨，千古英雄，几人有如此气概？

## 耻杀宋忠

《汉魏春秋》曰：刘琮乞降，不敢告备。备亦不知，久之乃觉，遣所亲问琮。琮令宋忠诣备宣旨。是时曹公在宛，备乃大惊骇，谓忠曰："卿诸人做事如此，不早相语，今祸至方告我，不亦太剧乎！"引刀向忠曰："今断卿头，不足以解忿，亦耻大丈夫临别复杀卿辈！"遣忠去，乃呼部曲议。

刘备在这种危急的境况下，仍然能保持镇静，不怒气冲冲。可见此时的刘备经过了岁月的洗练，不再是当年怒鞭督邮的年轻人了。

## 孝直避箭

《三国志·蜀书·庞统法正传》裴松之引注：先主与曹公争，势有不便，

宜退,而先主大怒不肯退,无敢谏者。矢下如雨,正乃往当先主前,先主云:"孝直避箭。"正曰:"明公亲当矢石,况小人乎?"先主乃曰:"孝直,吾与汝俱去。"遂退。

势危而不肯退,由此可见,刘备不仅不是窝囊废,而且十分勇敢好战,而法正与刘备的君臣之情,也是值得称道的。

### 身份不明的刺客

《三国志·诸葛亮传》裴松之引注:曹公遣刺客见刘备,方得交接,开论伐魏形势,甚合备计。稍欲亲近,刺者尚未得便会,既而亮入,魏客神色失措。亮因而察之,亦知非常人。须臾,客入厕,备谓亮曰:"向得奇士,足以助君补益。"亮问所在,备曰:"起者其人也。"亮徐叹曰:"观客色动而神惧,视低而忤数,奸形外漏,邪心内藏,必曹氏刺客也。"追之,已越墙而走。

这件事后人认为其疑点重重,破绽多多,但无论如何,只通过谈话就了解了一个人的能力,这都显示了刘备极强的知人识人能力。

### 求田问舍

释源:《三国志·魏书·陈登传》:陈登者,字元龙,在广陵有威名……年三十九卒。

后许汜与刘备并在荆州牧刘表坐,表与备共论天下人,汜曰:'陈元龙湖海之士,豪气不除。备谓表曰:"许君论是非?"表曰:"欲言非,此君为善士,不宜虚言;欲言是,元龙名重天下。"备问汜:"君言豪,宁有事邪?"汜曰:"昔遭乱过下邳,见元龙。元龙无客主之意,久不相与语,自上大床卧,使客卧下床。"备曰："君有国士之名，今天下大乱，帝主失色，望君忧国忘家，有救世之意，而求田问舍，言无可采，是元龙所讳也。何缘当与君语？如小人，欲卧百尺楼上，卧君于地，何但上下床之间邪？"

说解：求田问舍，原是刘备说许汜为国士，处纷乱之世，而无效主之志，只知道买田置屋，为个人利益打算，没有远大志向。后以求田问舍形容专营私利而胸无大志之士。辛弃疾《水龙吟·登建康赏心亭》："求田问舍，怕应羞见，刘郎才气。"

## 刘备在平原的传说

东汉末年，蜀汉昭烈皇帝刘备曾两度在平原做县令、国相之职，刘备在平原的传说和故事在民间广为流传。

刘备坐平原期间，颇有政绩，他非常注重了解百姓疾苦，同时又心存"匡扶汉室"的大志，在平原任职期间，他初步形成了"人和"与"恤民"的思想基础。他重学兴教，倡导礼仪，惩恶扬善，安定社会，为平原的百姓在战乱中求得了一个短暂的休养生息的机会。在平原民间，至今流传着许多故事称赞刘备懂民情、顺民心、合民意、爱民、恤民思想。刘备在平原百姓中的口碑很好，许多关于他"扶奖农桑，发展商贾"的故事也世代流传，像民间流传的《试守平原令》、《巧种罗汉钱》、《偶植盘龙柳》、《仁德感义士》、《惜才收赵云》、《首善孝行街》、《育英办义学》、《倾城送长亭》等故事，至今尚在民间广为流传。这些故事和传说都传颂着刘备怜恤百姓疾苦，重视发展经济、公平诉讼、稳定社会秩序，重学兴

教的思想现在仍有积极的现实意义。平原经济的发展使刘备武装了自己。"玄德在平原,颇有钱粮军马,重整旧日气象"。可以说平原是刘备走向全国,创立霸业实现"匡扶汉室"政治抱负的新起点。

2000年7月,由平原县委、平原人民政府编纂的《刘备在平原》一书刊印出版,当代哲学家、史学家任继愈先生题写了书名,著名作家邓友梅欣然题诗"千年古城平原,历史足迹斑斑。玄德曾掌郡政,故事流传民间"。

2002年10月和2004年9月,张洪春的长篇传奇小说《刘备坐平原》和民间故事集《刘备在平原的传说》相继出版,极大地丰富了故事的可读性,使刘备在平原的传说和故事更加脍炙人口,并得到了更加广泛的流传。

## 白帝城托孤

关羽兵败被俘,不降,被杀。刘备闻后尽起全国大兵去讨伐吴国,为关羽报仇,当时诸葛亮为了防备魏军乘虚偷袭成都,所以没有随刘备出征而是留守成都。但是刘备被吴火烧联营,大败后兵败退到白帝城,一病不起,诸葛亮前来时,刘备对诸葛亮说:"如果你看阿斗是个当皇帝的料子,你就辅佐他,如果他不是个当皇帝的料子,你就把他废黜了,你自己当皇帝吧。"诸葛亮一听立刻跪下说:我一定会全心全意辅佐刘禅的,绝不敢有一点自己当皇帝的意思。一定会做到鞠躬尽瘁,死而后已。

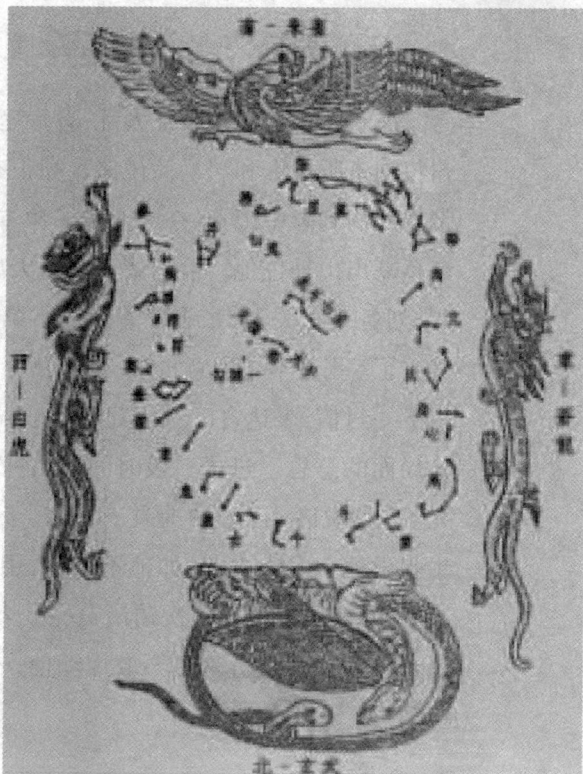

## 三顾茅庐

汉末，黄巾事起，天下大乱，曹操坐据朝廷，孙权拥兵东吴，汉宗室豫州牧刘备听徐庶和司马徽说诸葛亮很有学识，又有才能，就和关羽、张飞带着礼物到隆中山上（今湖北省襄阳市，又有一说是河南省南阳市）去请诸葛亮出山辅佐他。恰巧诸葛亮这天出去了，刘备只得失望地回去。不久，刘备又和关羽、张飞冒着大风雪第二次去请。不料诸葛亮又出外闲游去了。张飞本不愿意再来，见诸葛亮不在家，就催着要回去。刘备只好留下一封信，表达自己对诸葛亮的敬佩和请他出来帮助自己挽救国家危险局面的意思。过了一段时间，刘备吃了三天素之后，准备再去请诸葛亮。关羽说诸葛亮也许是徒有虚名，未必有真才实学，不用去了。张飞却主张由他一个人去叫，如他不来，就用绳子把他捆来。刘备把张飞责备了一顿，又和他俩第三次请诸葛亮。当他们到诸葛亮家前，已经是中午，诸葛亮正在睡觉。刘备不敢惊动他，一直站到诸葛亮醒来，才彼此坐下谈话。

诸葛亮见到刘备有志替国家做事，而且诚恳地请他帮助，就出来全力帮助刘备建立蜀汉皇朝。

《三国演义》把刘备三次亲自请诸葛亮的这件事情，叫做"三顾茅庐"。诸葛亮在著名的《出师表》中，也有"先帝不以臣卑鄙，猥自枉屈，三顾臣于草庐之中"之句。于是后世人见有人为请他所敬仰的人出来帮助自己做事，而一连几次亲自到那人的家里去的时候，就引用这句话来形容请人的渴望和诚恳的心情。

也就是不耻下问，虚心求才的意思。建安十二年(207)，诸葛亮27岁时，刘备"三顾茅庐"于南阳，会见诸葛亮，问以统一天下大计，诸葛亮精辟地分析了当时的形势，提出了首先夺取荆、益作为根据地，对内改革政治，对外联合孙权，南抚夷越，西和诸戎，等待时机，两路出兵北伐，从而统一全国的战略思想的宏伟蓝图，这次谈话即是著名的《茅庐对》。

## 鏖战赤壁

十二日，周瑜率领军队在樊口与刘备会合。然后两军逆水而上，行至赤壁，与正在渡江的曹军相遇。曹军当时已遭瘟疫流行，而新编水军及新附荆州水军难以磨合，士气明显不足，因此初战被周瑜水军打败。曹操不得不把水军"引次江北"与陆军会合，把战船靠到北岸乌林一侧，操练水军，等待良机。周瑜则把战船停靠南岸赤壁一侧，隔长江与曹军对峙。当时曹操为了北士卒不习惯坐船，于是将舰船首尾连接起来，人马于船上如履平地。周瑜部将黄盖于是建议："今寇众我寡，难与持久。然观操军船舰首尾相接，可烧而走也。"

至战日，黄盖准备了十艘轻利之舰，满载薪草膏油，外用赤幔伪装，上插旌旗龙幡。当时东南风急，十艘船在中江顺风而前，黄盖手举火把，使众兵齐声大叫："降焉！"曹军官兵毫无戒备，"皆延颈观望，指言盖降"。离曹军二里许，黄盖遂令点燃柴草，同时发火，火烈风猛，船往如箭，烧尽北

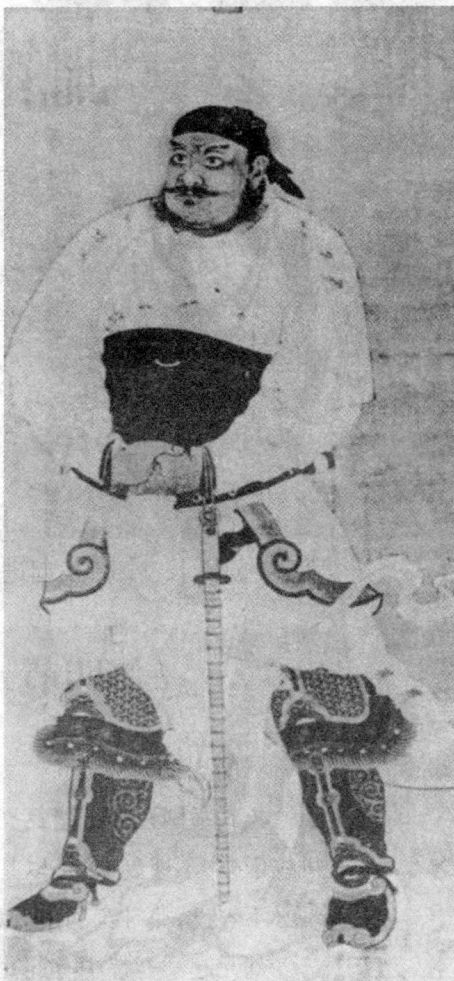

文賦

余每觀材士之作，竊有以得其用心。夫其放言遣辭，良多變矣。妍蚩好惡，可得而言。每自屬文，尤見其情。恆患意不稱物，文不逮意。蓋

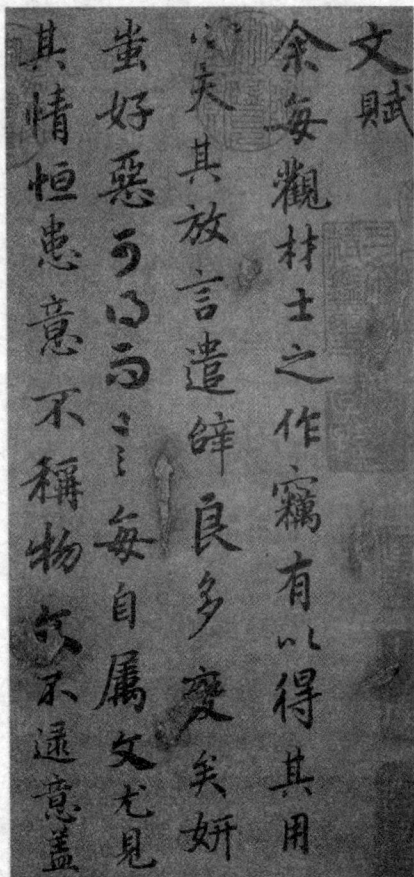

船，延及岸上各营。顷刻之间，烟炎张天，曹军人马烧、溺死者无数。在对岸的孙刘联军横渡长江，趁乱大败曹军。曹操见败局已无法挽回，当即自焚剩下的战船，引军沿华容小道(今湖北监利北)，向江陵方向退却，周瑜、刘备军队水陆并进，一直尾随追击。此战中曹军伤亡过半，曹操回到江陵后，恐赤壁失利而使后方政权不稳，立即自还北方，留曹仁、徐晃等继续留守南郡(治所江陵)，而后委任乐进守襄阳、满宠代理奋威将军，屯于当阳。孙刘联军取得了赤壁之战的胜利。

赤壁之战的失利使曹操失去了在短时间内统一全国的可能性，而孙刘双方则借此胜役开始发展壮大各自势力，曹、刘、孙三家争夺荆州之战揭开序幕。此后，曹操退回北方，再没有机会以如此大规模进行南征，但仍旧占据着南阳、南郡二郡(之后从南郡、南阳郡中分置襄阳郡、南乡郡)，刘备则开始挥军向长江以南的零陵、武陵、桂阳、长沙四郡发起进攻，孙权则命令周瑜围攻南郡治所江陵县。

# 第四节　历史对刘备的评价

三国志评曰："先主之弘毅宽厚，知人待士，盖有高祖之风，英雄之器焉。及其举国讬孤于诸葛亮，而心神无二，诚君臣之至公，古今之盛轨也。机权干略，不逮魏武，是以基宇亦狭。然折而不挠，终不为下者，抑揆彼之量必不容己，非唯竞利，且以避害云尔。"

刘元起："吾宗中有此儿，非常人也。"

陈登："雄姿杰出，有王霸之略，吾敬刘玄德。"

袁绍："刘玄德弘雅有信义，今徐州乐戴之，诚副所望也。"

程昱："观刘备有雄才而甚得众心，终不为人下，不如早图之。"

曹操："今天下英雄，唯使君与操耳。本初之徒，不足数也。""方今收英雄时也，杀一人而失天下之心，不可。""夫刘备，人杰也，今不击，必为后患，将生忧寡人。""刘备，吾俦也。但得计少晚。"

刘晔："刘备，人杰也，有度而迟。"

孙胜、贾诩："刘备雄才。"

郭嘉："备有雄才而甚得众心。张飞、关羽者，皆万人之敌也，为之死用。嘉观之，备终不为人下，其谋未可测也。古人有言：'一日纵敌，数世之患。'宜早为之所。"

诸葛亮："刘公雄才盖世，据有荆土，莫不归德，天人去就。""刘豫州王室之胄，英才盖世，众士慕仰，若水之归海，若事之不济，此乃天也，安能复为之下乎。""伏惟大行皇帝迈仁树德，覆焘无疆，昊天不吊，寝疾弥留，今月二十四日奄忽升遐，臣妾号啕，若丧考妣。乃顾遗诏，事惟大宗，动容损益；百寮发哀，满三日除服，到葬期复如礼；其郡国太守、相、都尉、县令长，三日便除服。臣亮亲受敕戒，震畏神灵，不敢有违。臣请宣下奉行。"

赵戬："刘备其不济乎？拙于用兵，每战则败，奔亡不暇，何以图人？"

傅干："刘备宽仁有度，能得

《谥法考》中对刘备的评价

《谥法考》:容仪恭美曰昭;昭德有劳曰昭;圣闻周达曰昭;声闻宣远曰昭;威仪恭明曰昭;明德有功曰昭;圣问达道曰昭;圣德嗣服曰昭;德业升闻曰昭;智能察微曰昭;德礼不愆曰昭;高朗令终曰昭;退隐不遗曰昭;德辉内蕴曰昭;柔德有光曰昭。有功安民曰烈;秉德遵业曰烈;圣功广大曰烈;海外有截曰烈;业成无兢曰烈;光有大功曰烈;戎业有光曰烈;刚正曰烈;宏济生民曰烈;庄以临下曰烈。

人死力。"

孙权:"非刘豫州莫可以当曹操者。"

周瑜:"刘备以枭雄之姿。"

陆逊:"刘备世之枭雄。"

张辅:"刘备威而有恩,勇而有义,宽宏而有大略。"

张松:"刘豫州,使君之宗室而曹公之深雠也,善用兵,若使之讨鲁,鲁必破。鲁破,则益州强,曹公虽来,无能为也。"

刘巴:"备,雄人也,入必为害,不可内也。"钟会:"益州先主以命世英才,兴兵朔野,困踬冀、徐之郊,制命绍、布之手,太祖拯而济之,与隆大好。"

杨戏的《季汉辅臣赞》中赞昭烈皇帝:"皇帝遗植,爰滋八方,别自中山,灵精是钟,顺期挺生,杰起龙骧。始于燕、代,伯豫君荆,吴、越凭赖,望风请盟,挟巴跨蜀,庸汉以并。乾坤复秩,宗祀惟宁,蹈基履迹,播德芳声。华夏思美,西伯其音,开庆来世,历载攸兴。"

习凿齿曰:"先主虽颠沛险难而信义愈明,势逼事危而言不失道。追景升之顾,则情感三军;恋赴义之士,则甘与同败。观其所以结物情者,岂徒投醪抚寒含蓼问疾而已哉!其终济大业,不亦宜乎!"

# 第五节　历史上的刘备家系

## 长辈

祖父,刘雄,被举孝廉,官至东郡范令。父,刘弘,东汉末年官吏。叔父,刘子敬(字子敬,名不详)。叔父,刘元起(字元起,名不详)。

**配偶**

1.甘夫人　封号为昭烈皇后,地方志中说她名"梅"。沛人,刘备的爱妾,贤内助,刘禅的生母。也是当时有名的美人。曾于长坂坡被困,幸得赵云解救。据说刘备命中克妻,他在老家曾"数丧嫡室"。刘备起兵后,于沛城娶甘氏为夫人。后来,甘夫人随刘备到荆州,生了刘禅。208年,曹操进攻荆州,刘备抛却妻小突围。糜夫人为了他人能逃出去,自己投井自尽。赵云保护着幼主刘禅和甘夫人,杀出重围,才使刘备心爱的女人和当时唯一的儿子幸免于难。后病死,谥皇思夫人,后再追谥昭烈皇后,与刘备合葬。

2.糜夫人　糜竺的妹妹,刘备在徐州落难时,糜竺将她嫁给刘备。生卒年不详。

3.孙夫人　孙权的妹妹,史书中并没有记载她的名字,古典戏曲中则言她名孙尚香或者孙安。曾与刘备结成政治婚姻。刘备入蜀后两人离异,孙权接她回到东吴。生卒年不详。

4.穆皇后吴氏　吴夙之女,吴懿的妹妹,刘备入蜀后纳为夫人,后为汉中王后。刘禅即位时,尊她为皇太后,住长乐宫。生刘永,刘理二子。延熙八年(245)病死,与刘备合葬。

**子女**

刘备长子是谁已史无可考,但据三国志记载刘备在刘禅出生之前曾先后多次有被吕布、曹操虏走妻儿的记载。且刘备至少有两个女儿,在长坂之战时被曹操掳走。1.刘封,刘备养子。本姓寇。后因不援助关羽而令关羽被吕蒙擒

### 《三国演义》中的族谱

孝景皇帝生十四子,第七子乃中山靖王刘胜。胜生陆城亭侯刘贞。贞生沛侯刘昂。昂生漳侯刘禄。禄生沂水侯刘恋。恋生钦阳侯刘英。英生安国侯刘建。建生广陵侯刘哀。哀生胶水侯刘宪。宪生祖邑侯刘舒。舒生祁阳侯刘谊。谊生原泽侯刘必。必生颍川侯刘达。达生丰灵侯刘不疑。不疑生济川侯刘惠。惠生东郡范令刘雄。雄生刘弘。弘不仕。刘备乃刘弘之子也。

这个刘备的族谱世袭出自小说《三国演义》,不可靠。因为据此推算刘备为汉景帝的第18世孙,汉献帝为汉景帝13世孙,辈分反而比小说中的刘备还要高,绝不可能是叔侄关系。

杀,刘备将他问罪,赐死。2.刘禅,刘备之子。甘夫人所生,后登上皇位,成为蜀后主。蜀灭亡后,被封为安乐公。3.刘永,刘备次子。先为鲁王,后封为甘陵王。与刘禅宠臣黄皓不和,被刘禅疏远。后东迁洛阳,拜奉车都尉,封为乡侯。4.刘理,刘备三子。先为梁王,后封为安平王。早卒,谥为悼王。有二女于刘备南逃至长坂时被曹将曹纯所俘。

### 孙

1.刘林,刘封之子,为牙门将,咸熙元年(264)被迁徙至河东。2.刘璿,刘禅长子,十五岁被立为太子,蜀亡后,钟会在成都作乱,被乱兵杀害。3.刘瑶,刘禅二子,蜀亡后投降。死因同刘璿。4.刘琮,刘禅三子,蜀亡后投降。死因同刘璿。5.刘瓒,刘禅四子,蜀亡后投降。死因同刘璿。6.刘谌,刘禅五子,北地王,反对谯周降魏的提议,被刘禅逐出宫,蜀亡后自杀。7.刘恂,刘禅六子,蜀亡后投降。死因同刘璿。8.刘璩,刘禅七子,蜀亡后投降。死因同刘璿。9.刘胤,刘理长子,封为哀王。十九岁卒。10.刘辑,刘理次子,东迁洛阳,拜奉车都尉,封乡侯。11.刘晨,刘永之子,刘玄生父。

### 曾孙

1.刘承,刘备曾孙,刘理之孙,刘胤之子,封为殇王,二十岁卒。2.刘玄,刘永之孙,蜀亡后投降,避过永嘉之乱,居于四川成都。

### 刘备相貌

季羡林认为历史上记载的刘备相貌属后人根据佛教典故杜撰出来的。在中国历史上,为

了迷惑和欺骗人民大众,最高统治者皇帝想方设法,编造神话,增加自己的神秘性,以利于统治。他们往往首先从统治者的躯体上做文章,说他们生得怎样怎样与普通人不同。

# 第六节　三国蜀汉时期的文学

## 诗　词

### 咏怀古迹·蜀主窥吴幸三峡

杜　甫

蜀主窥吴幸三峡,崩年亦在永安宫。

翠华想像空山外,玉殿虚无野寺中。

古庙杉松巢水鹤,岁时伏腊走村翁。

武侯祠屋长邻近,一体君臣祭祀同。

### 蜀先主庙

刘禹锡

天地英雄气,千秋尚凛然。

势分三足鼎,业复五铢钱。

得相能开国,生儿不象贤。

凄凉蜀故妓,来舞魏宫前。

## 成　语

三顾茅庐、纵虎归山、收买人心、如鱼得水、求贤若渴、髀肉复生、求田问舍、后患无穷、弄假成真、有借无还、大意失荆州、阿斗太子、赤壁鏖兵、草庐三顾、茅庐三顾、扶不起的阿斗、三个臭皮匠顶个诸葛亮、身在曹营心在汉等。

## 歇后语

1.刘备摔孩子——收买人心

2.刘备访贤——三顾茅庐

3.刘备招亲——弄假成真

4.刘备借荆州——有借无还

5.刘备的江山——哭出来的

6.刘备三请诸葛亮——诚心诚意；思贤心切

7.刘备得江山——全凭诸葛亮

8.刘备编草鞋——内行

9.刘备遇孔明——如鱼得水

10.吃曹操的饭，干刘备的事——吃里爬外

11.吃曹操的饭，想刘备的事——人在心不在

12.对着张飞骂刘备——寻着惹气

13.刘备对孔明——言听计从

# 第七节　刘备的宽仁之道

在曹操、刘备、孙权三人之中，刘备谋略不及曹操，学识不及孙权，其创业基础更不及曹孙二人，然而最终也能成就大业。

刘备能够白手起家，靠的是仁义的德行和知人善任的才能。刘备认为，创大业者必须以人为本。他为人宽厚仗义，善交友。他以仁待人，以礼待人，与人同甘共苦，用品德影响人，用真情打动人，用恩德笼络人。他知人善任，用人不疑。在他身边，聚集了一大批优秀人才，正是有了这些人才的鼎力相助，刘备才开创了三分天下有其一的局面。

傅干说："刘备宽仁有度，能得众人死力。"这一评价非常恰当。

## 与关张寝则同床如兄弟

据陈寿《三国志》记载，刘备字玄德，涿郡涿县（今河北涿县）人，是汉景帝子中山靖王刘胜的后裔。刘备少年丧父，家道衰落，与母亲贩鞋织席为生。在刘备家东南角有一棵高五丈多的桑树，远远望去，"童童如小车盖"，很像皇帝坐驾的车盖，经过的人见到此树都啧啧称奇。涿人李定说："此家必出贵人。"

刘备儿时与一群小孩在树下游玩，刘备戏说："吾必当乘此羽葆盖车！"他的叔父刘敬警告他："汝勿妄语，灭吾门也。"刘备15岁时，母亲叫他出外游学。与同宗

刘德然以及公孙瓒等拜大儒卢植为师。因刘备家贫，读书全靠刘德然的父亲刘元起资助。刘元起的妻子感到不满，她说："各自一家，何能常尔邪？"刘元起说："吾宗中有此儿，非常人也。"

虽有名师教导，但刘备不大乐意读书，而喜欢"狗马、音乐、美衣服"。他身长七尺五寸（1.8米左右），垂下手时手长超过膝盖，眼睛可以看见自己的耳朵。为人"少语言，善下人，喜怒不形于色，好结交豪侠"，郡中年轻人争着追随他。当时在涿郡做贩马生意的商人张世平、苏双"见而异之"，给了刘备很多钱财，由于有了这笔钱，刘备聚集了不少人。

汉灵帝末年，黄巾起义爆发，刘备率领徒众随校尉邹靖镇压黄巾军，因立功被任命为安喜县（今河北定县）尉，不久又被任命为下密县（今山东昌邑）丞，后为高唐县（今山东禹城）尉、县令。初平元年（190），高唐县被黄巾军攻破。刘备投奔中郎将公孙瓒，公孙瓒以刘备为别部司马，令他与青州刺史田楷南拒冀州牧袁绍。刘备数有成功，被公孙瓒任命为平原县（今山东平原）令，不久升为平原国相。

刘备少年时与河东人关羽、涿郡人张飞相友善，他以关羽、张飞为别部司马，分统部曲。刘备与二人寝则同床，恩若兄弟。而关张二人在稠人广坐中侍立终日，他们忠心耿耿地追随刘备，不避危险。常山人赵云率兵来助公孙瓒，刘备"见而奇之，深加接纳"，赵云于是随刘备至平原，为刘备统领骑兵。

## 在徐州被当地士民拥戴

在刘备当平原国相时,郡人刘平不服刘备,"耻为之下",派人行刺刘备。而刘备毫不知情,对"来访"刺客十分有礼,刺客深受感动,不忍出手,并袒露实情而离去。可见刘备在当地很得民心。

公孙瓒被袁绍打败后,刘备与田楷东屯齐国(今山东淄博临淄)。初平四年(193),曹操大举进攻徐州,徐州牧陶谦派人向田楷告急,田楷与刘备率军相救。到达徐州后,陶谦表奏刘备为豫州刺史,领军屯驻小沛(今江苏沛县),防御曹操。刘备在徐州广交豪杰,礼贤下士,很快就得到了当地士民的拥护。兴平元年(194),陶谦一病不起,他临终前对别驾麋竺说:"非刘备不能安此州也。"陶谦死后,麋竺便率州人迎刘备为州牧。

建安元年(196),袁术出兵来争徐州,刘备留张飞守下邳(今江苏睢宁县西北),自己与关羽、赵云迎战袁军。吕布乘虚袭下邳,下邳相曹豹与张飞不和,便联合吕布击败张飞,掳刘备妻子及将吏家口。刘备率军回救,至下邳,兵溃。刘备收余兵东取广陵(今江苏扬州西北),与袁术战,又败,退屯海西(今江苏灌南县西南),因军中无粮,吏士相食,只好请降于吕布。吕布以刘备为豫州刺史,合军抗击袁术。后来刘备在小沛招兵买马,得万余人,吕布很不高兴,亲自率兵攻打刘备,刘备败走,投奔曹操。

曹操在刘备走投无路时并没有落井下石,反而待之甚厚,推荐刘备为豫州牧。建安三年(198),曹操与刘备在下

### 后世对刘备的纪念

陵墓:刘备坟墓有两处,一处是成都市昭烈庙内的惠陵;另一处在四川彭山的莲花坝。楼桑庙三义宫:位于河北省保定市涿州市刘备故里,为纪念"桃园结义"所建。小说《三国演义》为塑造人物性格,将刘备描写成极仁爱的君主,性格怯懦,常常流泪,不愿为争天下而背叛别人,甚至有歇后语说:"刘备的天下——哭来的"。但实际上,刘备虽数次失败,但仍坚持奋斗。戏曲中的刘备为老生角色,而剧目取材于《三国演义》。例如《刘备过江招亲》、《甘露寺》就是著名的剧目。

邳包围吕布,吕布投降,被曹操所杀。刘备随曹操回到许(今河南许昌),曹操奏请升刘备为左将军,礼遇更重,出则同车,坐则同席。但刘备知道曹操猜忌自己,而且两人志向不同,在曹操身边度日如年。

有一次,曹操在宴会上对刘备说:"今天下英雄,惟使君(即刘备)与操耳,本初(袁绍)之徒,不足数也!"刘备一听,吓得连筷子都掉在地上,幸好当时打雷,刘备才掩饰过去。刘备之所以惊慌失措,是因为他当时正与董承等人谋诛曹操。不久,曹操派刘备和朱灵等截击袁术,以防二袁联合,刘备趁机溜之大吉,他率军击杀徐州刺史车胄,据有徐州。刘备留关羽守下邳,自己回到小沛,并派使者到冀州与袁绍结盟。

曹操大怒,率军东征,攻破小沛,掳获刘备妻子,又攻拔下邳,生擒关羽,刘备亡奔袁绍。建安五年(200),曹操在官渡之战中大败袁绍,刘备只好投奔荆州牧刘表。

## 访士襄阳寻得伏龙凤雏

刘表听说刘备要来,十分高兴。"自出郊迎,以上宾礼待之,益其兵,使屯新野。"刘备在荆州的几年,曹操忙于征讨北方袁氏残余势力,无暇南顾,给了刘备喘息的机会。

刘备虽然屡经挫折,颠沛流离,但壮志未减。有一次,他在刘表府中做客,起身如厕,回来后慨然流涕,刘表觉得奇怪,问他怎么回事,刘备说:"备常身不离鞍,髀肉皆消。今不复骑,髀里肉生。日月如流,老将至矣,而功业不建,是以悲耳。"

在荆州，刘备忙于结交豪杰，访求人才。他访问襄阳名士司马徽，向他打听当地的贤能之士，司马徽说："儒生俗士，岂识时务，识时务者在乎俊杰。此间自有伏龙、凤雏。"刘备问是谁，司马徽说："诸葛孔明、庞士元也。"名士徐庶也向刘备推荐诸葛亮。于是刘备三顾茅庐，把隐居在隆中的诸葛亮请了出来。诸葛亮分析天下大势，向刘备提供了"兴汉室，建霸业"的策略，使刘备茅塞顿开。因刘备与诸葛亮"情好日密"，关羽、张飞不高兴，刘备对他们说："孤之有孔明，犹鱼之有水也。愿诸君勿复言。"

建安十三年(208)，曹操亲率大军南征，直奔襄阳。就在这时，刘表病死，次子刘琮继任荆州牧，谋士蒯越、韩嵩等劝刘琮投降。九月，曹操军至新野，刘琮举州投降。刘备腹背受敌，只好率部南下。水军由关羽率领，约好在江陵会合。

有人建议刘备攻杀刘琮，占领荆州，刘备说："刘荆州临亡托我以孤遗，背信自济，吾所不为，死何面目以见刘荆州乎！"

当时跟随刘备的百姓多达十余万，辎重数千辆，每天只行进十多里。有人对刘备说："宜速行保江陵，今虽拥大众，被甲者少，若曹公兵至，何以拒之！"刘备说："夫济大事者必以人为本，今人归吾，吾何忍弃去！"

曹操至襄阳，知刘备已南走，率轻骑一日一夜行三百里，大破刘备于长阪，刘备弃妻子，与诸葛亮、张飞、赵云等数十骑趋汉津，恰与关羽船队相会，遂同前来迎接的刘表长子、江夏太守刘琦来到夏口

（今湖北武汉）。后又退到樊口（今湖北鄂城），联合占据江东的孙权共同抗曹，并在赤壁之战中大败曹军。

赤壁之战后，刘备又南征武陵、长沙、桂阳、零陵四郡。刘备因人多地少，亲自面见孙权，要求都督整个荆州，孙权听从鲁肃的意见，把荆州借给刘备，共拒曹操。

当时刘备重用诸葛亮，还没把庞统放在重要位置。他任命庞统守耒阳令，结果庞统到任后政绩不佳，被免官。鲁肃对庞统很了解，他写信给刘备说："庞士元非百里才也，使处治中、别驾之任，始当展其骥足耳！"诸葛亮也说了类似的话。于是刘备召见庞统，和他谈了很久，发现庞统果然不同凡响，马上任命庞统为治中，对他的礼遇仅次于诸葛亮，又以他为军师中郎将。

## 张松法正引刘备入蜀

刘备得到荆州并没有满足，他还想继续扩大自己的地盘，益州就是他下一个目标。益州地大人多，但益州牧刘璋才能平庸，曹操和孙权对益州也虎视眈眈。刘备最终能得到益州，主要是靠张松和法正两人。

张松"为人短小放荡，然识达精果"，任益州别驾，曹操南征荆州时刘璋派张松向曹操示好，当时曹操已定荆州，赶走了刘备，不把张松放在眼里，张松对曹操心怀怨恨，回益州后劝刘璋与曹操断绝来往，与刘备相结。

法正是刘璋的军议校尉，因

不受重用，郁郁不得志，他和张松是好朋友，两人都想干一番事业，密谋奉戴刘备为州主。建安十六年（211），曹操派钟繇等率大军讨伐汉中张鲁，刘璋听到消息后十分恐惧，张松趁机劝刘璋迎刘备入益州，共拒曹操。刘璋于是派法正率四千人携带厚礼前往荆州请刘备。法正建议刘备趁此机会夺取益州，刘备遂留诸葛亮、关羽、张飞等守荆州，自己与庞统、黄忠等率数万人入益州。

刘璋亲率三万余人迎接刘备，刘备进益州后，又推他为大司马，领司隶校尉，又令督白水军，北击张鲁，刘备的兵力增加至三万余人。刘璋回成都后，刘备至葭萌（今广元西南），迟迟不去进攻张鲁，而是拥军自保，厚树恩德，以收买人心。建安十七年（212），曹操东击孙权，孙权请刘备回救荆州。刘备以此为借口，请刘璋增兵一万及给予资粮，刘璋不满，只答应给兵四千和一半资粮。刘备乘机煽动士兵对刘璋的不满情绪。张松以为刘备真的要走，写信给刘备和法正说："今大事垂手可成，如何舍此而去？"张松之兄张肃恐怕大祸牵连到自己，便揭发其谋。刘璋马上捕杀张松，令守关诸将不得放刘备通过。

刘备大怒，率军进据涪城，并击败了刘璋派出的军队，分兵攻占附近诸县，同时又令诸葛亮带领张飞、赵云等人入益州支援。建安十九年（214），刘备率军进围成都，六月，刘璋出降，益州被刘备占据。

## 用蜀中贤能治理益州

刘备入成都，置酒大飨士卒。取蜀城金银赐给将士。刘备领益州牧，他

以"诸葛亮为股肱，法正为谋主，关羽、张飞、马超为爪牙，许靖、麋竺、简雍为宾友"，并大量起用刘璋故吏和蜀中名士辅佐自己治理益州。董和、黄权、李严等，"本璋之所授用"，刘备因董和当益州太守时清俭公正，任命他为掌军中郎将。刘备围攻成都时益州郡县纷纷投降，唯有黄权闭城坚守，直到刘璋出降后才放下武器，刘备任命他为讨虏将军。李严曾在刘璋手下任护军，刘备任命他为犍为太守。另外，吴懿是刘璋的姻亲，彭羕被刘璋摈弃不用，刘巴曾投靠曹操，刘备"皆处之显任，尽其器能"，使蜀中"有志之士，无不竞劝，益州之民，是以大和"。

建安二十四年(219)，刘备大破曹军，夺取汉中、武都、阴平等地，奠定称霸基业，刘备自立为汉中王，但同时关羽在荆州被吕蒙袭击，兵败被杀，从此荆州全部落入孙权之手。建安二十五年(220)，曹操病死，太子曹丕继位为魏王、丞相。十月，迫汉献帝禅位，称帝改国号为魏。刘备也于次年三月在益州称帝，以诸葛亮为丞相，许靖为司徒。

因痛恨孙权袭杀关羽，夺取荆州，刘备大举伐吴，令张飞率万人自阆中至江州会合，临出发时张飞被部下所杀。在与吴军对峙时，蜀军树栅连营七百余里，被吴将陆逊用火攻打败。刘备愧恨交加，不肯回成都，病死于白帝城。临终前，召诸葛亮托付后事。他又嘱咐太子刘禅说；"汝与丞相从事，事之如父"。由于刘备托孤得人，后主刘禅虽然昏庸，但遵父命把国家大事全部交给诸葛亮处理，结果把蜀国治理得很好。

## 历史评价

颠沛险难而信义愈明

刘备从一介平民到最终成就大业,可谓历尽千辛万苦。他不像曹操那样有机会"挟天子而令诸侯",也不像孙权那样有父兄打下的基础。他能够白手起家,是靠忠仁信义的德行和知人善任的才能。正如他自己所说的:"操以急,吾以宽;操以暴,吾以仁;操以谲,吾以忠。每以操反,事乃可成耳。"

刘备对朋友有信,对属下有礼,对百姓爱护。所以不管到哪里都有人相助,追随他的人无不忠心耿耿,竭尽所能,各地百姓也争着归附他。

历史学家习凿齿对刘备的为人非常欣赏,他说:"刘玄德虽颠沛险难而信义愈明,势逼事危而言不失道。追景升(刘表字景升)之顾,则情感三军;恋赴义之士,则甘与同败。终济大业,不亦宜乎!"

《三国志》的编撰者陈寿这样评价刘备:"先主之弘毅宽厚,知人待士,盖有高祖(刘邦)之风,英雄之器焉。及其举国托孤诸葛亮,而心神无二,诚君臣之至公,古今之胜轨也。机权干略,不逮魏武(曹操),是以基宇亦狭。然折而不挠,终不为下者,抑揆彼之量必不容己,非唯竞利,且以避害云尔。"

# 第八节 后世纪念

## 刘备惠陵

蜀先主昭烈皇帝刘备的惠陵位于四川成都市南郊。古冢拔地突起,红砖垣墙环绕,苍松翠柏掩映,庄典肃穆。惠陵为夯土垒筑而成,成圆形。砖砌成的垣墙环绕陵冢,周长一百八十多米。陵前有乾隆年间刻制的穹碑一通,碑身镌刻汉昭烈皇帝之陵七个苍劲有力的大字。陵的前方建有寝殿,惠陵西侧原来建有昭烈庙和武侯祠。

据记载,武侯祠始建于公元四世纪,晚唐诗人李商隐游惠陵时,曾写下武侯祠古柏一诗。杜甫也留下了"丞相祠堂何处寻,锦宫城外柏森森"的诗句,可见当时惠陵周围古柏苍郁,气势宏伟。明朝初年,把武侯祠并入昭烈庙,重修后的昭烈庙颇为壮观,大门横额楷书汉昭烈庙金字大匾。但这一建筑早已毁于兵火。惠陵苍松环抱,庄典肃穆;武侯祠绿瓦飞檐,雕梁画栋,交相辉映,气象万千,是成都著名的名胜古迹之一。

## 三义宫

三国演义的故事在我国流传深广,三国文化的发祥地就是刘备、张飞的故乡保定涿州,刘关张桃园三结义的故事就发生在这里。为纪念这次结义,后人在当年的结义地刘备家乡涿州市松林店镇楼桑庙村兴建了三义宫。三义宫由三进院落组成,有山门殿、马神殿、关羽殿、张飞庙、正殿、少三义殿、退宫殿、五侯殿合部分。宫内建筑具有典型的汉代风格,宫内有关羽所绘的"风雨竹"碑,三结义结拜石,九龙碑,当年诸葛亮排兵布阵的八卦图等,极具特色。三义宫共有塑像87尊,生动地体现了三国时期轰轰烈烈的场面,让人们回忆起那段久已逝去的刀光剑影的历史。

# 第八章  放牛娃出身的闯王李自成

**走近人物**

李自成(1606-1645),明末农民起义领袖,杰出的军事将领。原名鸿基。曾为银川驿卒。崇祯二年(1629)起义,后为闯王高迎祥部下的闯将,勇猛有识略。崇祯十六年(1643)在襄阳称新顺王。同年,在河南汝州(今临汝)歼灭明陕西总督孙传庭的主力,旋乘胜进占西安。1644年正月,建立大顺政权,年号永昌。同年3月18日,攻克北京,推翻明王朝。四月,多尔衮率八旗清军与明总兵吴三桂合兵,在山海关内外击败李自成。顺治二年(1645)在湖北通山九宫山考察地形,李自成神秘消失(一说战死,另有出家之说等)。

## 第一节  明末农民起义领袖

李自成(1606-1645),明末农民起义领袖,古代杰出的军事家。原名鸿基。称帝时以李继迁为太祖。世居陕西米脂李继迁寨。童年时给地主牧羊（一说家中非常富裕）,曾为银川驿卒。崇祯二年(1629)起义,后为闯王高迎祥部下的闯将,勇猛有识略。八年荥阳大会时,提出分兵定向、四路攻战的方案,受到各部首领的赞同,声望日高。次年高迎祥牺牲后,他继称闯王。十一年在潼关战败,仅率刘宗敏等十余人,隐伏商雒丛山中（在豫陕边区）。次年出山再起。

十三年又在巴西鱼腹山被困，以五十骑突围，进入河南。其时中原灾荒严重，阶级矛盾极度尖锐。李岩提出"均田免赋"等口号，获得广大人民的欢迎，散布"迎闯王，不纳粮"的歌谣。部队发展到百万之众，成为农民战争中的主力军。崇祯十六年（1643）在襄阳称新顺王。同年，在河南汝州（今临汝）歼灭明陕西总督孙传庭的主力，旋乘胜进占西安。次年正月，建立大顺政权，年号永昌。不久攻克北京，推翻明王朝。由于起义军领袖犯了胜利时骄傲的错误，迫害吴三桂的家属。逼反吴三桂，勾结满洲贵族入关，联合进攻农民军。他迎战失利，退出北京，率军在河南，陕西抗击。永昌二年（1645）在湖北通山九宫山考察地形，李自成神秘消失，李自成余部降清后，又反清，继续抗清斗争。

# 第二节 生 平

李自成，万历三十四年（1606）八月出生。自成出生在米脂河西200里的李继迁寨，距他的老家长峁鄢60多里（两地今均属横山地）。李自成的祖籍是米脂县李家站，在米脂县殿市镇有个村落，名叫李继迁村，当地人也叫做李家站，村里的人代代口口相传，是李继迁的后人。

李自成先祖由甘肃太安迁入陕西省米脂县李家站（西夏李继迁兵站）居住，其祖父李海因生活所逼，迁至原米脂地长峁村（今属横山县）。人们所说李自成"生在李继迁寨，长在长峁村"，即指的是这段事。《米脂县·李自成族裔考》中记载到："自成籍本县太安里二甲，世居北乡，距城七十里海会寺沟之李家站。"

## 《米脂县志》中记载的李自成

《米脂县志》记载："米脂李姓，分太安里二甲李氏和永和石楼李氏。一支是太安里二甲，李自成家庭属太安里二甲，明代前由甘肃太安里迁徙来。而另一支李氏是由山西永和石楼县迁移到米脂的，二支李氏不属于同宗同室。太安里二甲的李氏，是一大族，遍及米脂城乡各处。"李自成家庭属太安里二甲，明代前由甘肃太安里迁徙来到李家站。而这个李家站正是当年党项拓跋平夏部从甘肃东迁后居住的地方。

## 兵 变

李自成少年喜好枪马棍棒。父亲死后他去了明朝负责传递朝廷公文的驿站当驿卒。明朝末年的驿站制度有很多弊端,明思宗在崇祯元年(1628)驿站进行了改革,精简驿站。李自成因丢失公文被裁撤,失业回家,并欠了债。同年冬季,李自成因缴不起举人艾诏的欠债,被艾举人告到米脂县衙。县令晏子宾将他"械而游于市,将置至死",后由亲友救出后,年底,杀死债主艾诏,接着,因妻子韩金儿和村上名叫盖虎的通奸,李自成又杀了妻子。两条人命在身,官府不能不问,吃官司不能不死,于是就同侄儿李过于崇祯二年(1629)二月到甘肃甘州(今张掖市甘州区)投军。当时,杨肇基任甘州总兵,王国任参将。李自成不久便被王国提升为军中的把总。同年在榆中(今甘肃兰州榆中县)因欠饷问题杀死参将王国和当地县令,发动兵变。

## 征 战

崇祯三年(1630),李自成率众投农民军首领不沾泥,继投高迎祥,号八队闯将。六年,在农民军首领王自用病卒后,收其遗部2万余人。后与农民军首领张献忠等合兵,在河南林县(今林州市)击败明总兵邓玘,杀其部将杨遇春,随后转战山西、陕西各地。七年,连克陕西澄城,甘肃乾州(今乾县)等地,后于高陵、富平间为明总兵左光先击败。八年,与各路农民军首领聚会河南荥阳(一说无此会),共商分兵定向之策。遂转战江北、河南,又入陕西,在宁州(今

甘肃宁县)击杀明副总兵艾万年等。旋在真宁(今正宁西南)再败明军,迫总兵曹文诏自杀。

九年,在高迎祥被俘杀后,被推为闯王。领众"以走致敌",采取声东击西,避实击虚的战法,连下阶州(今甘肃武都)、陇州(今陕西陇县)、宁羌(今宁强)。旋兵分三路入川,于昭化(今广元西南)、剑州(今剑阁)、绵州(今绵阳)屡败明军,击杀明总兵侯良柱。十年冬,围攻成都多日未克,后折师梓潼迎战明总兵左光先、曹变蛟失利。遂分道返陕,移师潼关,遭明军伏击,将卒伤亡散失甚众,率部将刘宗敏、田见秀等18骑隐伏于陕西商、洛山中。不久,亲赴谷城(今属湖北),获取为明廷招抚的张献忠资助。十二年,与复起的张献忠合兵破竹溪,移师截断明军粮道。后协助罗汝才于香油坪击败明总兵杨世恩部。

十三年,为明总兵左良玉败于房县,重入河南,破永宁(今洛宁),斩万安王朱采。与当地农民军首领一斗谷合兵,众至数十万,攻克宜阳。进至卢氏,得牛金星、宋献策,用为谋士。纳李岩"均田免赋"建策,深得民众拥护,有歌谣"迎闯王,不纳粮"(《明史·李自成传》)。

十四年春,移师围洛阳,得守军策应破城,执杀福王朱常洵。旋挥师围开封,数攻不克,南走邓州,与脱离张献忠的罗汝才合兵,众号百万。后乘明军四路向河南新蔡、项城调集,遣精兵于途中伏击,致明军阵乱败逃,执杀明总督傅宗龙于项城。1634年后金军第二次入塞。1635年高迎祥、张献忠、老回回、罗汝才、革里眼、左金王、改世王、射塌天、横天王、混十万、过天星、九条龙、顺天王等十三家七十二营起义军在河南召开"荥阳大会",李自成提出"分兵定向、四路攻战"方略。会后高迎祥、张献忠率部攻下南直隶凤阳,掘明皇室的祖坟,焚毁朱元璋曾经出家的"皇觉寺",杀宦官六十多人,斩中都守将朱国相。张献忠与李自成不合,乃分军东走。

## 称　王

1639年张献忠在谷城(属于今湖北襄樊)重新起义,李自成从商洛山

中率数千人马杀出。1640年李自成趁明军主力在四川追剿张献忠之际入河南,收留饥民,郑廉在《豫变纪略》载李自成大赈饥民的盛况:"向之朽贯红粟,贼乃藉之,以出示开仓而赈饥民。远近饥民荷锄而往,应之者如流水,日夜不绝,一呼百万,而其势燎原不可扑"。自此李自成军队发展到数万,提出"均田免赋"口号,即民谣之"迎闯王,不纳粮。"崇祯十四年正月二十日(1641年1月)攻克洛阳,杀万历皇帝的儿子福王朱常洵,从后园弄出几头鹿,与福王的肉一起共煮,名为"福禄宴",与将士们共享。称"奉天倡义文武大元帅"。之后在一年半之内三围省城开封未果,最后一次1642年黄河决堤冲毁开封。先后杀死陕西总督傅宗龙、汪乔年。10月在河南郏县败明陕西巡抚孙传庭。与此同时明廷对清战事不利,3月,洪承畴降清。11月,清军第五次入塞,深入山东,掠走36万人。1643年1月李自成在襄阳称"新顺王"。3月,杀与之合军的农民领袖罗汝才。4月杀叛将袁时中。5月张献忠克武昌建立"大西"政权。10月,李自成攻破潼关,杀死督师孙传庭,占领陕西全省。1644年1月李自成在西安称帝,以李继迁为太祖,建国号"大顺"。

## 入 京

崇祯十七年(1644)一月李自成东征北京,突破宁武关,杀守关总兵周遇吉,攻克太原、大同、宣府等地,明朝官吏姜瑞、王承胤纷纷来降,又连下居庸关、昌平,三月十七日半夜,守城太监曹化淳率先打开外城西侧的广宁门,农民军由此

进入今复兴门南郊一带。三月十八日，李自成派在昌平投降的太监杜勋入城与崇祯秘密谈判。据《小腆纪年附考》卷4载，李自成提出的条件为："闯人马强众，议割西北一带分国王并犒赏军百万，退守河南……闯既受封，愿为朝廷内遏群寇，尤能以劲兵助剿辽藩。但不奉诏与觐耳。"双方谈判破裂。三月十九日清晨，兵部尚书张缙彦主动打开正阳门，迎刘宗敏军，崇祯皇帝在景山自缢，李自成下令予以"礼葬"，在东华门外设厂公祭，后移入佛寺。二十七日，葬于田贵妃墓中。李自成入住紫禁城，封宫女窦美仪为妃。大顺军进城之初京城秩序尚好，店铺营业如常。但从二十七日起，大顺军开始拷掠明官，四处抄家，规定助饷额为"中堂十万，部院京堂锦衣七万或五万三万，道科吏部五万三万，翰林三万二万一万，部属而下则各以千计"，刘宗敏制作了五千具夹棍，"木皆生棱，用钉相连，以夹人无不骨碎。"城中恐怖气氛逐渐凝重，人心惶惶，"凡拷夹百官，大抵家资万金者，过逼二三万，数稍不满，再行严比，夹打炮烙，备极惨毒，不死不休"，谈迁《枣林

杂俎》称死者有1600余人。李自成手下士卒抢掠,臣将骄奢,"杀人无虚日,大抵兵丁掠抢民财者也"。四月十四日,西长安街出现告示:"明朝天数未尽,人思效忠,定于本月二十日立东宫为皇帝,改元义兴元年。"十三日,由李自成亲率十万大军奔赴山海关征讨吴三桂。

据说李自成进北京后,从宫中搜出内帑"银三千七百万锭,金一千万锭","旧有镇库金积年不用者三千七百万锭,锭皆五百(十)两,镌有永乐字"(《明季北略》卷二十)。时人许重熙在《明季甲乙两年汇略》借谈迁之口谓曰:"损其奇零,即可代两年加派,乃今日考成,明日搜括,海内骚然,而扃钥如故,岂先帝未睹遗籍耶?不胜追慨矣。"但可信度并不高。计六奇认为:"予谓果有如此多金,须骡马一千八百五十万方可载之,即循环交负,亦非计月可毕,则知斯言未可信。"据梁方仲估计,1390年至1486年,中国国内白银总产量只有三千万两上下。明亡前,虽有大量白银流入,但也只有四千五百万两。

## 覆 灭

四月二十一日,李自成与驻守山海关将领吴三桂进行一片石战役。战至四月二十二日,吴军渐渐不支。吴三桂乃降于清摄政王多尔衮,两军联手击溃李自成,主将刘宗敏受伤,急令撤退。二十六日李自成逃到京城,仅三万余人,二十九日李自成在北京称帝,怒杀吴三桂家大小34口,次日逃

往西安,由山西、河南两路撤退。临行前火烧紫禁城和北京的部分建筑,七月渡黄河败归西安,不久,弃西安,经蓝田、商州,走武关。由于南明弘光帝朝廷的建立和大顺军的节节败退,很多投降大顺的原明朝将领复投南明或清,李自成于是疑心日盛,终于妄杀李岩等人,致使人心离散。顺治元年(1644)十二月,清军出击潼关,大顺军列阵迎战,清军因主力及大炮尚未到达,坚守不战。顺治二年(1645)清军以红衣大炮攻破潼关,李自成采避战的方式流窜,经襄阳入湖北,试图与武昌的明朝总兵左良玉联合抗清,左良玉东进南京去南明朝廷"清君侧"征讨马士英病死途中。4月李自成入武昌,但被清军一击即溃。5月在江西再败,于1645年神秘消失。

# 第三节　史料中记载的李自成

《明史》卷三〇九《李自成传》:"李自成,米脂人,世居怀远堡李继迁寨。"《明史》卷三〇九《李自成传》"自成为人高颧深,鸱目曷鼻"李自成两次称帝都以李继迁为太祖　第一次称王于西安　《明史·列传第一百九十七》:"十七年正月庚寅朔,自成称王于西安,僭国号曰大顺,改元永昌,改名自晟。追尊其曾祖以下,加谥号,以李继迁为太祖。设天佑殿大学士。"　第二次称王于北京武英殿,《鹿樵纪闻》载:李自成以李继迁为太祖。

甲午申刻,传示次日郊天即位,亦多束驮金帛,纷纷而去。乙酉,僭即帝位于武英殿,以李继迁为太祖,追尊七代考妣皆为帝后,立妻高氏为皇后,使牛金星代行郊天礼。

大顺永昌元年,李自成在西安建立了大顺农民政权后,曾创立了一些礼仪制,主要是结合历代朝廷和自身党项民族的生活礼节,使其礼仪大气而庄重大方。

李自成修改明朝礼仪制度,《明季北略》载:李自成改制度"明朝制度,任意纷更又四月初一日,改大明门为大顺门,颁发冠服,大僚则加雉尾于冠服,方领,又收各牙牌,自务明光安令成字"《甲申纪事》载:"衣服尚蓝,故军中俱穿蓝,官帽亦用蓝。《定思小纪》载"然明代官制大半更革,……服色尚深蓝,俱刊定成。李自成以李继迁为太祖,结合西夏国制,制定一系列制度。

《爝火录》载:追尊其曾祖以下加谥号,以李继迁为太祖。设天佑殿大学士,牛金星为之。更六部为六政府,设尚书、侍郎等官。改文选司为文谕院,主事曰从政。改翰林院曰弘文馆,裁革詹事府。改中书曰书写房。国子监设三堂,革去祭酒,以司业为学正,学录博士为左右。改御史曰直指、给事中曰给谏、通政司曰知政司、尚宝司曰尚契司。大常、鸿胪,俱属礼政府。太仆寺曰验马寺,布政司曰统会可。巡抚曰节度使,按察曰防御使。府曰尹,州曰牧,县曰令。守备曰守领,把总曰守旅。改印曰契,(一云大篆曰符、小篆曰契)。公服领尚方,以云为级,一品云一、九品云九。大僚冠加雉羽,带用犀银黑角三等。

太平村李自成后裔至今仍保持原民族的特性、相貌和"秃发"习俗,尤其一些老人仍在保持着和当初建立西夏王朝主体民族党项人的"秃发"习俗,村里的人大多体格强壮,力气大,男丁习武之风较为普遍。

西夏专家唐荣尧先生苦心研究西夏党项民族已有近十年的历史,他跑遍了大西北党项民族、羌族人的发源地和

隐居地。从高原到盆地,从沙漠到草地,行程数万公里。爬过雪山,走过草地;上过青藏高原,去过尼泊尔山区;在唐荣尧先生的研究中,确认李自成是西夏党项民族,在西夏研究中已是不可否认的历史事实。

**《李自成》自传中这样评论**

李自成骑马走进皇城以后,几年来要取代明朝的梦想今日实现,一时志得意满,心花怒放,此时此刻,在马上他甚至想到他日后的勋业应该同唐太宗媲美。相隔七百年,他又建立了四海统一的李氏皇朝,比他祖先所建的西夏国要强大得多,简直不可同日而语!如今他已经破了北京,不久将平定江南,统一宇内,李继迁传到李元昊,又传到他身上,才真正使李氏发扬光大。

历史教研员纪连海说:"因为我们都知道李自成不是汉人,李自成是党项羌族人。""可以肯定的是,出生于陕西米脂双泉里李继迁寨(今属横山)的李自成的祖先应该是党项羌族人——也就是说,李自成应该是党项羌族人的后代。"

陕西历史研究所专家李登弟和米脂县李自成纪念馆原馆长申长明:"在陕西省延安市富县太平村发现整理的《李自成家谱》表明,李自成是西夏国王李元昊的后代,系党项族。"

著名作家丁玲说:"找到了祖先党项人的感觉才有了写作上的突破"。

丁玲家珍藏的龙凤双耳玉扁壶、童子驭鱼玉雕及玉琮、玉耳杯等数件宫廷器物。丁玲的几位叔伯兄弟讲:"他们是李自成的后人"。丁玲生前也曾说过:"事实就是如此嘛"。1939年,身置陕北的丁玲对斯诺夫人说:"来这儿以前,我总是睡不着,可是现在睡得很香甜,也变胖了,莎菲的浪漫气息已成枯死在书页间的明日黄花,在这里找到了祖先党项人的感觉,有了写作上的突破"。

李健侯在《永昌演义》说:"自成定都西安后,首先追王其先代,以李继迁为不祧之祖"。

当代著名作家姚雪垠著的《李自成》第四卷第十六章:①西夏国——我国古代一支少数民族名叫党项,属于羌族。党项人以姓氏分为许多部落,拓跋一支势力较强,唐末居住于今宁夏、陕、甘边区及与内蒙古接壤一带。其部落首领拓跋思恭,因帮助唐朝镇压黄巢起义军有功,受封为定难军节度使,夏国公,赐姓李氏。传了七代到李继迁,自称夏国王。李继迁的孙子李元昊,于1038年称帝,建立西夏国。西夏传国将近二百年,于1227年为蒙古所灭,西北地区的党项人士也与汉族同化。李自成是米脂县的李继迁寨人,称李继迁为始祖,所以他虽系汉族,却是西夏国的羌族后裔。

# 第四节　李自成隐世之谜

李自成遇难湖北通山县九宫山,在前几年召开的全国李自成学术讨论会上就已被专家们所确认。但是,李自成究竟是怎样死的,却一直有争论。《明史·李自成传》也无法搞清其殉难经过。近年来,李自成殉难经过有

以下几种说法：

**自缢说** 自缢者自尽也，自己上吊而死。其根据是清军统帅阿济格向朝廷的奏报，奏报中说："……自成窜走时，携随身步卒仅二十人，为村民所困，不得脱，遂自缢死。"但是后人认为，李自成久经沙场，果敢坚强，绝无自杀之可能。而且阿济格的说法，并非亲眼所见，故真实性甚低。

**战死说** 《通山县志》中的记载为："九伯聚众杀贼首于小源口"；而《程氏宗谱》却是这样记载的："剿闯贼李延于牛迹岭下"。没有一个地方明确指出，程九伯的确杀死了李自成，而只是说杀死了李延。那么李延又究竟是谁？李延和李自成又可能是什么关系？他们会不会是同一个人呢？

然而，在查阅了《米脂县志》《延安府志》等李自成家乡的史料后，发现记载李自成乳名和名字说法很多，却唯独没有延字。

**误死说** 误死即误伤致死。清初吴伟业《绥寇纪略》中说：李自成率二十骑到九宫山，他让将士留在山下，自己上山拜谒元帝庙。当地村民"疑以为劫盗"，在李自成跪拜元帝像时，被村民在身后用荷锸击伤头部，李自成当即昏倒"不能起"。这时村民一拥而上，"碎其首"而亡。村民搜其钱物时，发现"金印"，方知道杀错了人，"大骇，从山后逃去"。

**搏斗死说** 康熙年间费密撰写的《荒书》中说："李自成率十八骑，由通山过九宫山岭"时，山民"闻有贼至，群登山击石，将十八骑打败。"李自成一人和山民程九伯赤手搏斗，程九伯不是对手，被李自成摔倒在地，并骑在程九伯身上，"抽刀欲杀之"。但刀被血渍又渗入泥浆，一时没拔出。正在这时，程九伯外甥金某，从背后以铲猛击李自成头部，即刻而亡。

**夹山寺禅隐说** 观点：1981年，湖南石门夹山寺发

现一座古墓，考古人员发现墓主人奉天玉和尚违背僧规，按俗礼下葬，而葬俗又与本地葬俗不同，最后通过种种物证认为奉天玉和尚很可能便是李自成。

但疑点十分明显：在奉天玉夹山出家的历史中，奉天玉和尚与当地官员交往密切，而李自成"陕北口音，四十岁多一点，一只眼睛瞎了"的相貌特征相当明显，很容易暴露身份，这显然与他的身份有些不符。

**青城归隐说**　李自成亲族提出的观点，在青城镇苇茨湾村李文生家发现了一本抄修于康熙三年（1664）的《李氏家谱》。经过考察研究，得出全新结论，李自成兵败后，化装为和尚投靠其在榆中青城的叔父李斌，晚年的李自成就生活在附近的深山大沟里，并葬于龙头堡子山下。

李 自 成 之 墓

## 李自成墓

建国后曾多次维修，并增建了拱桥、层台、花坛、墓碑、陈列馆、休息厅等附属建筑。墓碑上书"李自成之墓"系郭沫若所题，墓后高处耸立着下马亭，附近还有落印荡、激战坡等遗址。南虹桥在通城县城东南16公里鲤港河上。因形若长虹坐落塘湖之南而名。清咸丰七年（1857）建，为邑中著名石桥之一。青石叠砌，五拱并置，长40米，高5米，宽5米，设计大方，结构坚实，卓跞宏伟。经历百余年风雨，迄今依然如故。碧波荡漾，夹岸树木，烟霞掩映，异景别趣。

## 李自成行宫

位于米脂县城北的盘龙山上。明崇祯十六年,李自成在西安建大顺国后,遂命人在这里修建了行宫和祖墓,山名也是因此而来。行宫构思精巧,造型别致,主要建筑有乐楼、梅花亭、捧圣楼、玉皇阁、庆祥殿和北庆宫等,是陕北别具一格的宫殿园林旅游区。行宫内还设有米脂妇女革命史迹展。

近年来,当地政府对行宫进行了修葺,恢复了原来规模和景观,并建立李自成纪念馆介绍其生平事迹,正殿中安放着李自成的玻璃钢铸像。

# 第九章　出身低微的查士丁尼大帝

**走近人物**　　查士丁尼大帝,东罗马帝国(拜占庭)皇帝,西元527—565年在位。他曾经镇压平民起义,征服汪达尔王国、东哥特王国,主持建造圣索菲亚大教堂以及位于帝国西部意大利拉芬纳的圣维托教堂。统治期间,不仅阻挡了野蛮民族在边疆的骚扰,甚至几乎恢复了昔日罗马帝国的光辉,因此后人称这段时间为拜占庭帝国的第一次黄金时代。编纂的《国法大全》是四部法律的统称,包括《查士丁尼法典》《查士丁尼法学总论》《查士丁尼法学汇纂》以及《查士丁尼新律》。它是欧洲历史上第一部系统完整的法典,也是欧洲大部分国家法律发展的基础

## 第一节　查士丁尼概况

查士丁尼483年生于托莱索(在今南斯拉夫境内)的农民家庭。他是查士丁一世的侄儿。查士丁一世只是一个目不识丁的色雷斯农民,靠军队发迹,爬上东罗马君主宝座。查士丁一世对自幼跟随着自己的侄儿查士丁尼寄予了厚望, 让他受到了良好的教育。从518年后,查士丁尼就协助叔父掌理政务,担任帝国行政指导。公元527年,他继承了叔父的权位,正式成为罗马皇帝。查士丁尼在即位的那天起, 就把重建罗马奴

隶制帝国的统治当作终生奋斗的目标。为实现这一目标,在军事上,他东征西讨,花了20年的时间打败波斯帝国,击溃汪达尔族,从哥特人手中收复了意大利、北非和西班牙的一部分,地中海再次成为罗马的内湖;在国内,查士丁尼把注意力集中在反对政府里的腐败作风上,鼓励发展商业、工业,着手大兴土木,建筑城堡、修道院和教堂。君士坦丁堡著名的圣索菲亚大教堂就是其中的一座。大兴土木及应付战争耗资巨大,导致税收加重,酿成许多地方叛乱,几乎推翻查士丁尼的统治。565年,查士丁尼去世,不久东罗马再度走向衰落。

# 第二节　生平和历史评价

公元527年,查士丁尼一世即位,其随即任命名将贝利萨留为元帅,向夙敌波斯帝国宣战。公元528年波斯军大将扎基西斯率3万大军,于次年在尼亚比斯以压倒性兵力逼退贝利萨留,隔年双方军队在两河流域的德拉城再次会战,贝利萨留的军队少到可怜……但波斯军队犯了愚蠢的错误,他们背城列阵而且要命的是背的不是自己的城,于是多于对手数倍且装备精良的波斯军理所当然(或者匪夷所思)地惨败……随后波斯军一败再败,但还是于531年卡尔基斯阻挡了贝利萨留的前进步伐,两国终于532年签下停战协议。随后雄心勃勃的查士丁尼再跟汪达尔人开战,贝利萨留出征非洲,可怜的拜占庭远征军步骑兵总数连马都算上才2万还多个零头!更要命的是其中还包括了大半粗鲁且毫无组织纪律性可言的蛮族雇佣兵。搭船出海取道伯罗奔尼撒、途经西西里一路磕磕碰碰,直到9月初才踏上非洲大地的贝利萨留不仅不知对手的实力到底是1万还是100万甚至连个详细点的地图都没有,幸好当地愿意当向导赚小费的人还算不少,贝利萨留终于在9月中旬在迦太基撞上汪达尔人的大军。人说强龙难压地头蛇,但贝利萨留却敢于在地头蛇门口大玩迷踪步,一番错综复杂的迂回使汪达尔人的军队失去了有利地形并分散作几部失去了衔接,惨遭和当年

的波斯军同样的命运。外强中干的汪达尔人此后再也没组织起任何一次较像样的反击，终于534年3月投降，汪达尔王国灭亡。查士丁尼的非洲战役使拜占庭帝国控制了非洲广大的畜牧基地。强势的君主显然并不热衷于和平，查士丁尼很快又和波斯重开战端，接着哥特也成了他的眼中钉！接下去连续数十年战事不断，原罗马帝国的版图现已大多并入拜占庭，连年的征战使拜占庭帝国的版图空前扩大，查士丁尼大有恢复罗马雄风的架势。但征服的地盘疯狂扩张之余，拜占庭军队数量显然还远没庞大到足于控制如此之多的土地，因此那些名义上已被征服的区域实际上仍十分危险，而帝国的胜利实际是以广大被征服土地的衰弱来换取帝国的中心区域的繁华。不过必须承认的是查士丁尼大帝是相当成功的，他使拜占庭帝国进入了全面的法制时代，并且一改以往军队以步兵阵推进为主的战术，建成了无与伦比的装甲骑兵团，这是拜占庭在对外扩张战争中的主要支柱。

查士丁尼是非凡的君主,上帝赏赐给罗马人的明珠——至少对于罗马人来说确实是这样。

# 第三节　政治生涯

公元395年,罗马帝国分裂为东、西两部分。西罗马于476年灭亡。东罗马表面上欣欣向荣,实际内部正统基督教与否认基督教神性和权威的阿利安派纷争不息,代表元老、大地主的蓝党与代表手工业者、商人的绿党不断发生冲突。查士丁尼就是在帝国岌岌可危之际登上了政治舞台。

483年,查士丁尼出生于南斯拉夫的一个农民家庭里。从小就表现出超人的精力和智慧。他的叔父任禁卫军统领。518年,查士丁尼的叔父被拥立为皇帝,即查士丁一世。查士丁尼受到过良好的教育。协助叔父掌理政务,并且协助叔父查士丁一世制定各项国内外的重要政策。527年8月,查士丁一世去世,查士丁尼继任东罗马帝国皇帝。523年查士丁尼娶了君士坦丁堡剧院的一个名妓,后来成为皇后提娥多拉,她也是查士丁尼智囊团中的重要人物。她拥有权势,对查士丁尼的政治产生了重大影响。

查士丁尼自认为是受神所托,赶走异教徒,消灭异端学说,希望罗马帝国恢复昔日荣光。即"收复"西部领土,恢复基督教的罗马帝国。当时有人称:查士丁尼不是人,而是个丝毫不需要休息的恶鬼!

　　565年11月11日(一说11月14日),查士丁尼一世逝世于君士坦丁堡。查士丁尼一世最主要的外交政策是按照罗马的前例重建一个包括所有基督教信仰的帝国。历史学家对这个政策的来源还有争议。有人认为查士丁尼一世长远地计划了这个政策,但也有人认为这个政策是534年他的将军贝利萨留击败汪达人后才成为他的主要政策的。查士丁尼一世是最后一位以拉丁语为母语的拜占庭皇帝,他重新占领了罗马帝国的大部分土地。普罗科匹厄斯在他的史书《战争》中详细地记录了查士丁尼一世的战争。查士丁尼一世与波斯萨珊王朝的战争是他的前任查士丁一世给他留下的一份遗产。这场战争的战场从高加索山脉(尤其是亚美尼亚和黑海边的重要城堡佩特拉)一直延伸到美索不达米亚。在美索不达米亚贝利萨留与波斯之间各有胜负。532年查士丁尼一世与波斯国王科斯洛埃斯一世签署了一个被称为"永久和平"的停火协约。拜占庭向波斯支付了一次性的巨大的付款。这个(暂时的)和平为查士丁尼一世在西方重建帝国的计划提供了必要的条件,因为实际上与波斯的战争本身就已经过度地占用了拜占庭的资源了。

　　但540年这个和平就被打破了。按普罗科匹厄斯的说法科斯洛埃斯一世害怕罗马帝国重新壮大后就更有力量了,波斯会抵挡不住,此外东哥特人愿意与波斯同盟,以及波斯最大的后方敌人厌哒瓦解,使得波斯少了一个后顾之忧。这场战争的直接原因是双方对科尔喀斯地区的争夺。它一直延续到561年—562年,中间有一次不包括科尔喀斯地区的停火。拜占庭在这段时间里不得不在两个战场上同时作战:向东对波斯,在意大利对东哥特人,同时在巴尔干半岛上它受到阿瓦尔人和斯拉夫人的威胁。对拜占庭来说最大的败绩是波斯占领、劫掠和摧毁了叙利亚的安条克。科斯洛埃斯一世抢劫了许多财富和俘虏了许多人。拜占庭的正式军队实际上相当小(据阿加塞阿斯的报道仅15万人),因此这个两面战争对拜占庭来说是非常危险的。560年波斯受到突厥人的威胁,因此愿意与拜占庭停火。查士丁尼一世得以保持科尔喀斯地区,最后一次维护了拜占庭的疆域，但他不得不向波斯每年进贡。汪达人是哥特人的一支，他们经过长期迁徙后在非洲北部基本上相当于今天的突尼斯的地区建立了一个附属罗马帝国的王国。当时汪达人的国王希德里希信奉基督教的亚流主义，但他并不反对拜占庭的天主教，他被推翻后葛利麦当了国王，查士丁尼一世要求恢复希德里希的王位但被拒绝，因此他决定对汪达人进行一次惩罚性进攻。后来因为一开始的进攻非常容易得逞，这场战争才演变为一场征服战。

贝利萨留于533年带领着一支仅一万五千人的部队进入汪达王国，同年9月15日他就占领了迦太基。葛利麦被俘。汪达人没有想到拜占庭真的会出击，因此他们许多军队当时正在萨丁岛镇压当地的一次暴动。贝利萨留押着葛利麦凯旋到君士坦丁堡。此后拜占庭在北非还经常与柏柏尔人作战，当地的驻军也有过几次叛变，但总的来说一直到698年北非属于拜占庭。在意大利对付东哥特人的战事比预先想象的要困难。拜占庭与东哥德人作战的原因是狄奥多利克之死和此后哥德人内部的继承人的斗争。狄奥多利克的女儿阿玛拉逊莎比较亲拜占庭，而狄奥多利克的侄子西奥达则打他自己的主意。阿玛拉逊莎年轻的儿子死后西奥达登上了王位。535年两人之间的不和演化为战争。拜占庭首先进攻达尔马希亚，但没有成功。贝利萨留则率军在西西里岛登陆，他很快就占领了那不勒斯。

西奥达大败，维提格斯取代了西奥达。维提格斯比较成功地抵抗了贝利萨留，但536年贝利萨留占领罗马。维提格斯未能重新占领罗马。双方之间激烈的战斗对意大利带来了巨大的摧残。538年拜占庭军队占领米兰，但东哥特人经过残酷的战斗又把拜占庭人驱逐出了米兰。不停的战斗还带来了饥荒。

540年5月贝利萨留攻克拉韦纳。东哥特贵族表示假如贝利萨留愿意接受西罗马帝国皇帝的位置的话他们就停止抵抗，贝利萨留表示同意。维提格斯被俘，542年他逝世。不清楚的是贝利萨留是不是假意同意领西罗马帝位的，但这很可能。虽然如此查士丁尼一世早就对贝利萨留持疑心了，这样就更加重了查士丁尼一世的疑心。

由于重税的压迫很快在意大利就有爆发了起义。542年多迪拉在帕维亚被推举为新的哥特王。多迪拉是一个非常聪明的战略家，他使用宣传战和建立了一支舰队。544年贝利萨留再次获得意大利战场的指挥权，但由于查士丁尼一世对贝利萨留不信任，他只给了贝利萨留一支很小的军队。这场所谓的第二次哥特人战争从541年—542年一直持续到552年，它比第一次战争更残酷。546年底多迪拉占领罗马，但他无法防守罗马。整个意大利陷入战火之中，双方都使用非常残暴的手段。549年贝利萨留受多项指控后被召回君士坦丁堡，他的竞争者纳西斯被指令为意大利指挥官。550年多迪拉再次占领罗马，但又无法防守该城。这场战争完全摧毁了罗马富有的元老院贵族。到6世纪末这个阶层就完全从历史纪录中消

失了。

552年6月初纳西斯再次占领拉韦纳，不久多迪拉阵亡，这样哥特人就丧失了他们最好的军事家了。10月哥特人在维苏威火山再次战败。此后虽然还有一些哥特人的军队还顽强抵抗，但总的来说他们被战败了。意大利被严重摧残。查士丁尼一世死后不久，隆巴第人入侵意大利占领了其大部分地区。

巴尔干半岛在查士丁尼一世统治的整个时期一直不稳定，但这不是什么不寻常的情况。保加利亚人和匈奴人不断入侵拜占庭领域。由于拜占庭没有足够的兵，因此它的堡垒系统也不足以保护色雷斯的安全。约560年开始斯拉夫人开始缓慢地但永久地占据拜占庭的地区。

552年在西班牙的西哥特王国内部混乱，查士丁尼一世乘机占领了科多巴、直布罗陀等地区。这些地区在此后的80年中归拜占庭。

查士丁尼一世与信基督教的埃塞俄比亚建立了关系，由于当时埃塞俄比亚介入也门，而波斯也对也门感兴趣，因此查士丁尼一世与埃塞俄比亚的联系使他与波斯的关系更变坏了。查士丁尼一世统治期间蚕从中国传到拜占庭。后来丝绸成为拜占庭的一个重要财源。在欧洲拜占庭与法兰克人和匈奴人不断作战，但这些战争没有起什么重要作用。

查士丁尼一世是一位"不眠的皇帝"，他亲自管理许多事情。他的法典是全新的，其作用一直延续到近代。他本人对城市和省份的管理也非常关心。但他也不得不经受一些打击，其中最主要的是尼卡暴动。在他统治的后期他越来越关注神学的问题。

不停的战争、查士丁尼一世的大兴土木和鼠疫的后果给国家财政带来了巨大的压力。一部分居民因此陷入穷苦状态对查士丁尼一世内政最重要的事件是532年的尼卡暴动。出于对查士丁尼一世的高税政策的反抗以及保守派的元老的利用君士坦丁堡的两个赛车队和他们的支持者发动反对查士丁尼一世的暴动。查士丁尼一世当时已经以为他已经败了，打算逃离君士坦丁堡，但他的妻子狄奥多拉皇后决定决一死战。她

派纳西斯与一部分暴动者谈判并说服他们支持查士丁尼一世，同时又派贝利萨留对暴动者的总部进攻。贝利萨留成功后对暴动者进行大屠杀，据当时的报道三万人被杀。狄奥多拉事后正式被提升为查士丁尼一世的共治者。从541年开始鼠疫在整个拜占庭帝国蔓延。查士丁尼一世本人也得病，他最重要的法学家特里波尼亚努斯甚至病死。这场传染病的后果对拜占庭是非常严重的：由于粮食产量的减少饥荒爆发，再加上战争和多次地震的发生使得整个社会上有一种世界末日的感觉。可能因此查士丁尼一世在他统治的后期对神学非常重视。他的政策深刻地变了。加上战争中的败绩他后期的政治比他前期的政治要被动得多。查士丁尼一世最大的功绩是将古罗马的法律编成一部法典。这部民法大全于529年发表。它提取了此前遗留下来的私人和公共的收集中的法律条文。533年查士丁尼一世又下令编写《学说汇纂》，其中收录了许多罗马法学家的法解释，同年《法学阶梯》也被发布，这是一部法学的教科书。最后发表的是《新律》，其中收录了法典被发表后施行的法律。这部法典代表着罗马法的最高成就，对后世大陆法系民法典的制定有着深远的影响。圣索非亚大教堂被大火和后来被一次地震摧毁后，查士丁尼一世一再重建这座大教堂。安提阿被地震和后来被波斯人摧毁后查士丁尼一世也一再重建。查士丁尼一世还建立了许多堡垒来抵挡斯拉夫人和波斯人，但这些堡垒起的作用不是很大。在他的出生地附近他也大兴土木。这些土木工程都是用国家的税收来支付的，繁重的高税压力是导致532年尼加暴动的原因之一。查士丁尼一世在当时的教会中起一个重要作用，他本人写了多部神学著作，领导了教会会议。为了推动基督教的普及，查士丁尼一世于529年下令关闭在科学界非常有影响的雅典的科学院，因为在那里新柏拉图派的哲学思想占主流。在教会内部的派别斗争中查士丁尼一世未能达成一个折衷解决方法，最后他判提奥多拉也信奉的基督一性论为邪教，这样他加深了信封基督一性论的叙利亚和埃及教会与不信奉基督一性论的罗马和拜占庭教会之间的分歧。

　　查士丁尼一世对异教徒进行迫害，尤其在埃及南部。他的宗教政策导致了529年巴勒斯坦信犹太教的撒玛利亚人的起义。查士丁尼一世血腥镇压了这次起义。534年查士丁尼一世发表法律限制犹太教徒的权利。查士丁尼一世本人是一个非常虔诚的教徒。他严格遵守基督教的戒食规则。查士丁尼一世写的赞美诗"噢神唯一的儿子和神的词"至今是东正教的赞美歌之一。

　　在543年君士坦丁堡地区的教会大会上查士丁尼一世发表了十点反对俄利根的非正统见解的理由。这是与基督一性论之间的激烈争论的开始点。

　　为了解决这个问题查士丁尼一世于553年召开了第二次君士坦丁堡宗教大会，这是基督教历史上第五次全基督教会议，但这次会议也未能解决基督一性论的问题。

　　过去的历史研究将查士丁尼一世的统治时期看作希腊–罗马时代后期的一个黄金时代，现代的研究对这个定论提出疑义。对他的重建帝

国的政策今天还有争论。查士丁尼一世漫长的战争将拜占庭的国库耗
竭,用尽了拜占庭的资源。虽然如此,他统治结束的时候拜占庭无疑是
地中海沿岸的霸权,但这个霸权地位的代价是非常高的。不但查士丁
尼一世的外交政策,他的内政也越来越受到批评。尤其查士丁尼一世生
前当时的人对他的政策批评很重。尤其普罗科匹厄斯在他的《密史》中
对查士丁尼一世提出了深刻的批评。今天的历史学家主要争论的地方
是查士丁尼一世的政治与他的前任查士丁一世的政策真的区别有多
大,以及查士丁尼一世的政策是否主要是出于实际便利的考虑而零时制
定的。

查士丁尼一世时期基督教社会上普遍存在着一种世界末日的感觉。
这与鼠疫的流传和多次自然灾害的爆发有关,公元500年前基督教社会也
有过世界末日的期望(主要因为周年的缘故),但这个期望是否一直延续
到查士丁尼一世的时期影响了查士丁尼一世时期的社会气氛在学术界还
有争论。

从神学方面来说查士丁尼一世的神学见解一应已经逐渐接近中世纪
的神学见解了。有人指责查士丁尼一世对基督一性论不宽容的态度使得
帝国内部分裂,但查士丁尼一世本人可能正是希望以宗教的统一来获得

帝国内部的团结。此外还必
须说明的是在古代晚期对
于教条定义的问题普遍被
看作是具有决定性意义的
问题。

在东正教查士丁尼一
世和他的妻子提奥多拉(虽
然她更加倾向基督一性论)
都被尊为圣人。查士丁尼一
世的纪念日是他的逝世日

11月14日。

直到最近查士丁尼一世被看作是古代晚期一个明君，无疑他与戴克里先和君士坦丁大帝一样是罗马帝国晚期最重要的皇帝之一。作为一个影响深远的、统治时期相当长的皇帝要对他做出一个概括性的总结是不容易的。从许多方面来说查士丁尼一世在欧洲历史上都是一个从古代转向中世纪的过渡性的、代表性的和重要的人物。查士丁尼一世开始当政的时候帝国的主要特征还是罗马式的，但当查士丁尼一世逝世时它已经非常拜占庭化了。他将古罗马的国民主权彻底消除了，皇帝成为了君权神授的国家主权。但同时皇帝依然需要国民和军队的支持和同意。在法学和神学上查士丁尼一世的贡献是对后来的发展有深刻影响的。在对外政策上他的重建帝国的政策建筑在非常不稳固的基础上，查士丁尼一世死后不久许多地区就又已经失落了。向东在查士丁尼一世生前帝国就已经在为其生存而战斗了。查士丁尼一世只有靠巨资才买来了那里疆域的完整。在文化上古代希腊、罗马的文化在查士丁尼一世统治期再次繁华。拜占庭的城市至少到鼠疫爆发也非常兴旺。在行政上查士丁尼一世基本上保持了罗马式的行政结构。

对查士丁尼一世统治影响最深的自然灾害是540年代鼠疫的流行。这次流行大大减少了拜占庭的居民数目，也使得国家的收入受到了影响。此后查士丁尼一世的政策较之前的政策不那么主动和灵活了。

查士丁尼一世重建帝国的计划是最后一次复活罗马帝国的梦想,但他不是一个和平君主。他统治期间人们的负担非常沉重,在宗教政治上他也非常不宽容,虽然如此他的不宽容政策并未达到统一帝国的目的。

# 第四节　查士丁尼法典

## 查士丁尼简介

公元526年2月13日,查士丁尼大帝颁布一项敕令,任命特里布尼厄斯组织一个由10名法学家组成的委员会,主席由"圣宫廷"的前司法长官约翰担任。委员会有权力用现存的所有资料,并可加以增删、修订,随后把这些敕令分别标上发布皇帝的名号,以及施行的对象与日期,再按内容分类,按时间先后排列。这部《敕法汇集》在公元529年颁布施行,也就是著名的《查士丁尼法典》。534年《查士丁尼法典》修改后再度颁布。

《查士丁尼法典》共12卷,卷下分目,每目按年代顺序排列敕令的摘录,上面标出颁布敕令的皇帝的名字和接受人的姓名,敕令的末尾注明日期。

《查士丁尼法典》颁布后,又陆续颁布了《查士丁尼法学总论》《查士丁尼学说汇编》和《查士丁尼新律》3部分,作为《查士丁尼法典》的续编。

《查士丁尼法学总论》又名《法学阶梯》,于533年底完成。共分4卷,卷下分目,集纳了历代法学家的论文,简要阐明法学原理,是学习罗马法学原理的简要教材。公元530年,查士丁尼再度任命特里布尼厄斯为主席,11名博学、有名望的法学家和从别留托斯、君士坦丁法律学校选出的5名教授为委员,共同将历代罗马著名法学家的著作,分门别类加以搜集、整理并进行摘录,共花费3年时间编成了《学说汇集》,又名《查士丁尼学说汇编》,于533年底颁布施行。此外,565年法学家又把查士丁尼皇帝在法典编完后陆续颁布的168条新敕令汇编成集,称为《查士丁尼新律》。其主要内容属于行政法规,也有关于遗产继承制度方面的规范。

以上4个部分,在12世纪统称为《查士丁尼民法大全》。由于《查士丁尼法典》最早编成,并且是这部《民法大全》的核心,所以一般以《查士丁尼法典》作为这部民法大全的代称。《查士丁尼法典》这一重要法律文献虽然是在西罗马帝国灭亡以后编纂的,但在编纂过程中曾根据当时情况作了加工,所以一般说来它能够反映出罗马帝国全盛时期的罗马法,即“古典时代”的全貌。

《查士丁尼法典》虽然保留了奴隶法,但取消了父母可以把子女卖为奴隶以补偿自己对他人冒犯这一部分;法典肯定了妇女继承遗产的权利;法典强调了基督教的思

## 《查士丁尼法典》的内容

《查士丁尼法典》明确宣布皇权无限,维护教会利益,巩固奴隶主的统治地位;法典要求“人人都应安分守法”,否则,要依法给予严厉制裁;法典还特别强调奴隶必须听命他的主人的安排,不许有任何反抗,据此可见,查士丁尼编纂法典的出发点和归宿是完全一致的,他试图通过法律规范的系统化,达到巩固皇权的目的,并运用这个法典来为其挽救奴隶制的统治服务。

想统治,确立了君权神授的原则,并详细规定了基督教生活的各个方面,强调了对异教徒的强行改信基督教和镇压的政策,甚至规定了教堂和修道院的规模和生活规则,强化了对隶农的统治;法典也用许多条文严格规定了奴隶与隶农必须无条件地服从他的主人,对不服从者处以重罚乃至死刑,只是由于隶农的反抗斗争才不得不写上释放奴隶的条文。

### 《查士丁尼法典》对后世的影响

《查士丁尼法典》是世界上第一部完备的奴隶制成文法,它系统地搜集和整理了自罗马共和时期至查士丁尼为止所有的法律和法学著作,卷帙浩繁,内容丰富。它标志着罗马法本身已发展到极其发达、完备阶段,对以后欧洲各国的法学和法律的发展有着较大的影响。另外,法典的内容和立法技术远比其他奴隶制法更为详尽。它所确定的概念和原则具有措辞严格、确切和结论明晰的特点,尤其是它所提出的自由民在"私法"范围内的形式上平等、契约以当事人同意为生效的主要条件和财产无限制私有等重要原则,为后世法律奠定了基础。

# 第五节　查士丁尼皇帝和廷臣

### 油画和查士丁尼和廷臣们的简介

作者:佚名(拜占庭)　时间:547年　类别:马赛克　镶嵌画尺幅:264×365cm　收藏:意大利,拉文那,圣威塔尔教堂灿烂的黄色马赛克作底,查士丁尼大帝身穿紫红色长袍,手捧献金宝盒。左边是着华服的贵族和卫士,右边是大主教和祭师,后面是随从。人物都呈正面拉长排成横列,显得肃穆、庄重,色彩和明暗变化纯粹、简洁。强调的是神圣和威仪。这幅画是拜占庭装饰艺术中最典型的代表作品之一。

## 评 价

年代与时间虽然看上去不过是一些数学迷宫里的数字，但它们的作用却如同钉在墙上的挂钩，有了它们，我们才能清晰便捷地将一幅幅历史的画卷铺展开来。公元313年无论如何都是一个特殊的年份，在同一年里，古罗马的君士坦丁大帝做了两件大事：第一，宣布基督教为罗马国教，使这支诞生于公元前1世纪的宗教势力与世俗的皇权政治紧密结合在一起；第二，在罗马帝国东端城市建立起一座新的首都——君士坦丁堡，也就是今天的伊斯坦布尔，从此将帝国分为以罗马为中心的西部帝国和以新首都为中心的东部帝国。这两件事对日后欧洲的历史都有着深远的影响，从而也深刻地改变了绘画的面貌。

首先，不能不谈的是基督教的影响。自从313年被古罗马的君士坦丁大帝奉为国教,表现基督教义便成为欧洲美术史上的一个最基本主题。在这幅作品中,具有宗教含义的事物随处可见。中间身穿紫袍的人是查士丁尼大帝,他手捧的那个椭圆形盒子是装盛圣水的容器。其右边身穿白色和茶色服饰的是当时的大主教马克西米安,他手

**关于油画《查士丁尼和廷臣们》的介绍**

《查士丁尼和廷臣们》是一幅东罗马帝国的美术作品,它由许多细小的彩色玻璃石子拼贴镶嵌而成,属于意大利拉文那城圣威塔尔(S·Vitale)教堂内的装饰壁画。它上面描绘的是东罗马帝国的皇帝查士丁尼(公元527－565年在位)和他的廷臣们,而在其对面,还有一幅同样规格的作品,表现的是查士丁尼的皇后狄俄朵拉及其侍女。

持的是象征教会的十字架。再旁边的人手中捧着一本经过精心装饰的书籍——《圣经》。圣水、十字架、《圣经》,这三件基督教中的圣物被三位画面上的主要人物端庄地捧在左胸口前——我们知道,这个位置是心之所在。即使最右边人手中提着的油灯,也是教会里必不可少的器物,光明意味着对人类灵魂的指引。细心的观众还可以计算一下画面中人物的个数,一定不要忘了左侧侍卫后排那三张隐藏的脸,那么除了查士丁尼,总共是有十二个,这不禁使人联想到耶稣与他的十二门徒。而查士丁尼也的确把自己打扮成基督的样子,华丽的皇冠与独一无二的光环证明他既具备世间的权力又享有神性的荣耀。

那么,查士丁尼大帝如此做的意图又是什么呢?他为什么要使自己的样子永久保留在圣威塔尔教堂的墙壁上?这个问题将我们带回到一段动荡不安而又充满光荣与梦想的世界历史。

**查士丁尼名言**

　　我过去是恺撒，我是查士丁尼，我因为感觉到上帝的意志而笔削诸于法律……在我和教会的步骤和谐之后，我蒙受上帝的感应，立即把我的全部精神，用在那件大工作上面。

　　在公元3至6世纪，欧亚大陆上的庞大帝国普遍遭受了来自北方游牧民族的袭击，整个欧洲陷入了后来所称的"中世纪"。然而，当公元476年，以罗马城为中心的西罗马帝国在入侵者的铁蹄下土崩瓦解时，帝国的东部却因为强大的海军势力、丰富的财政资源以及天然的地理位置而得以安然无恙。实际上，在1453年被突厥人彻底攻克之前，它又继续存在了500年。这几个世纪中，东罗马帝国有机会发展起一种独特的文明，后人将之称为——拜占庭。即使罗马帝国的大部分地区都丢给了入侵者，拜占庭的皇帝们仍认为他们是恺撒的继承人。尤其是画面的主角，查士丁尼大帝，他坚持用拉丁语说话、思维，决心收复西方领土，一心想将恢复帝国的梦想变为现实。经过18年苦战，他终于重新控制了被东哥特人征服的意大利地区。于是，为了纪念这次带有光复性质的胜利，查士丁尼下令在当地首都拉文那建造圣威塔尔教堂，以铭记下这段激动人心的历史。

　　了解过建造的背景，再回过头来看这幅画，我们也许会有一种不同的感觉。原

来,士兵所持的盾牌和武器与宗教圣物一样,是画面上除了人物以外唯一的几件装饰,它们同样也具有重大而特别的含义。而且,人物的表情似乎也不如初看起来那么僵硬了,反倒是由于整齐划一的秩序而显得格外庄重。他们都坚定而目不转睛地直视前方,如同怀揣一种神圣的理想。在这里,现实中的人物被高度概括而抽象化,画面关心的似乎只在于忠诚、允诺、使命和信仰。

# 第十章　社会底层出身的俄国女皇

走近人物

叶卡捷琳娜一世·阿列克谢耶芙娜（1684年4月15日—1727年5月17日，1725年—1727年在位）是俄罗斯帝国女皇，有些中文依照英文（CatherineI）而称呼她为凯萨琳一世，立陶宛农民塞缪尔·斯卡乌龙斯基之女。

## 第一节　人物介绍

叶卡捷琳娜一世·阿列克谢耶芙娜（1684—1727）俄国女沙皇（1725—1727在位）原名马尔塔·斯科夫龙斯卡。

### 最　初

她是一个立陶宛农夫的女儿，三岁就成了孤儿，被一个路德派牧师收养。马尔塔在养父家又做女佣，又做保姆。她不识字更不会写字，讲的俄语带有很重的德国口音。她最初嫁给一个瑞典骑兵。1702年，在北方战争期间，马尔塔成了俄军的俘虏，后来变成彼得宠臣缅希科夫的情妇。1703年，彼得大帝在缅希科夫家和她邂逅，从此俩人结下不解之缘。

### 受　宠

命运使叶卡捷琳娜这个他人往日的姘妇，一跃成为居万人之上的君

王的宠姬。她相貌出众，妖冶妩媚，加之又温柔有礼，故此很快就征服了彼得的心。她体魄健美。她对远征的艰苦生活视若等闲，只要彼得一声召唤，她就可以跋涉几百俄里的泥泞路程前去救他而不以为苦。

## 异于常人

此外，叶卡捷琳娜的臂力也很惊人。据侍卫官贝尔霍尔茨记述，有一次沙皇和年轻的勤务兵布图尔林开玩笑，命令他伸直胳膊用一只手把他的元帅杖举起来。这个勤务兵举不起来。皇帝陛下知道皇后的手劲很大，就从桌面上把元帅杖递给叶卡捷琳娜，她欠起身子站起来，伸直手臂，轻轻地把元帅杖举在桌子上空，举上放下好几次，在场的人无不为之惊叹。

## 富有能力

1711年，彼得一世被土耳其人包围，甚至想投降，但叶卡捷琳娜阻止了他，并且和其他妇女筹集了珠宝贿赂了敌军主帅，使得彼得一世得以全身而退。

# 第二节　生平故事

1703年，他们的第一个孩子出生。马尔塔改信东正教，并更名为叶卡捷琳娜。1712年2月，彼得和叶卡捷琳娜正式结为夫妻。1724年5月8日，彼得加冕叶卡捷琳娜为皇后。彼得大帝发怒时，只有她能安定沙皇的情绪。她和彼得一共生了11个孩子；但只有两个活下来。

彼得一世死后，在缅希科夫和近卫军的拥护下，东正教最高会议和枢

密院共同宣布叶卡捷琳娜为女皇。1726年,在缅希科夫策划下,叶卡捷琳娜一世建立最高枢密院,把彼得大帝时的执政工具——枢密院、东正教最高会议等一概抛开。农民原来以为她的上台会使百姓的生活比起彼得大帝时代要有所改善,但是叶卡捷琳娜一登基就宣布,她要把彼得开创的事业进行到底。

叶卡捷琳娜一世的女儿伊丽莎白·彼得罗芙娜原来许配给法国国王路易十五,但是后来路易十五却娶了波兰被废黜国王的女儿。叶卡捷琳娜感到极大的羞辱,这决定了她与法国为敌的外交政策。1726年,俄国与奥地利结成反法同盟。

叶卡捷琳娜一世当政时,将彼得的前妻移到施鲁塞堡,把她关在黑牢里与老鼠为伍。她把自己的娘家人从外省召到首都,一概封以伯爵等贵族头衔。她则沉溺于享乐,急迫地享用女皇的地位给她带来的一切。但乐极生悲,几个月的放荡生活就使她的心脏出了毛病,她不得不考虑由谁来继承她的问题。她本来想让女儿伊丽莎白继位,但公众的舆论希望由彼得的孙子登基。在缅希科夫的操纵下,女沙皇在头脑不清醒的时候,指定彼得一世的孙子继承王位,称彼得二世。她只做了两年的女皇就去世了。叶卡捷琳娜一世执政时,朝政一片混乱,于是人们又怀念起彼得大帝,尽管他过于残酷了些。但是1726年,她遵照彼得一世的遗嘱建立了俄罗斯科学院,这是她值得肯定的地方。